〔日〕冈崎文夫 —— 著

章嫣嫣 —— 译

中国古代史要

上古至春秋时期

中国出版集团　东方出版中心

图书在版编目（CIP）数据

中国古代史要. 上古至春秋时期 /（日）冈崎文夫著；
章嫣嫣译. —— 上海：东方出版中心, 2024.5
ISBN 978-7-5473-2409-7

Ⅰ. ①中… Ⅱ. ①冈… ②章… Ⅲ. ①中国历史 – 古
代史 – 原始社会 – 春秋时代 Ⅳ. ①K22

中国国家版本馆CIP数据核字(2024)第087069号

中国古代史要 （上古至春秋时期）

作　　者　[日] 冈崎文夫
译　　者　章嫣嫣
责任编辑　朱荣所
特约编辑　王清
装帧设计　张贤良

出 版 人　陈义望
出版发行　东方出版中心
地　　址　上海市仙霞路345号
邮政编码　200336
电　　话　021–62417400
印 刷 者　固安兰星球彩色印刷有限公司

开　　本　890mm×1240mm 1/32
印　　张　9.5
字　　数　192千字
版　　次　2024年5月第1版
印　　次　2024年6月第1次印刷
定　　价　68.00元

作者序

我将本次出版的新书起名为《中国古代史要》。以往在探讨中国史时，我都将其划分为三个时代。其中，中国古代史是指从上古到秦汉帝国这段时期。本书的阐述止于春秋时期，因此可将其算作中国古代史。严格来说，中国古代史并非我的研究领域，但考虑到中国乃尚古之邦，人们日常生活的点滴皆与古代密切关联，所以对于在大学教授中国史的我来说，梳理整个中国史是非常有必要的。于是，此次我将中国古代史部分整理成书并出版。我虽然十分担心，尚未经过充分研究的论述就等同于欺骗世人，但出于一份私心，我依旧选择公之于众。在经历革命①之前，中国的学者总是倾向于将古代中国描述得如梦似幻。对古代的研究越是历经时间的沉淀，结论就越发精确。而他们却全然不顾，反而与真实渐行渐远。但在历经革命之后，中国年轻一代的学者为了打破传统变得过于勇敢，一切都以社会科学风格的教条主义去解释，丝毫不去尝试理解古代。这样的治学态度，对日本学界也

---

① 此处"革命"可能指辛亥革命。——译者注

产生了一定的影响。探寻历史必须究其真实，而真实也并非只靠概念性知识就能把握。我认为，只有深挖其内在含义，才能真正理解历史。鄙人才疏学浅，不敢自称完全理解了中国古代史，但哪怕是其中的一个部分，我也会坚持不懈地努力追求真相。目前，日本及中国的年轻学者中，不乏饱含热情誓要探明中国古代史之人。各个方面虽还在探索中，并不能立刻得出结论，但相信有朝一日必会结出果实，那时将为大家呈现一个更加完整的古代中国。在此，我对京都大学的年轻研究者们抱以期待。深感欣慰的是，我贡献了自己的绵薄之力，将自己所理解的古代中国展示给了世人。如今在中日合作的议题方面，两国各界众说纷纭。我相信，随着彼此在史学研究方面的协作不断加深，双方自然也会相互增进理解。

在本书出版之际，我想对波多野太郎、金井之忠、佐藤武敏三位同仁致以诚挚的谢意。波多野太郎在我整理口述笔记及作注的过程中，多次指出我的疏漏之处。正文第五章之后，因其军务在身而难以继续协助，对我来说是沉重的打击。随后我委托金井之忠协助我完成大部分书写工作。同时我也抽空执笔，最终得以成功完稿。全文校对交由佐藤武敏进行。关于注释部分，我无法像波多野太郎那样始终保持审慎的态度，只能说是简单记录读后感。所以第五章以后的注释只能算作备忘。至此，再次对三位表示感谢。

目 录

上　编

上古殷周时代

1

中国文明的诞生

中国古代存在两则与水有关的传说，即洪水和淫水。正如亨利·马伯乐[1]所述，将两则传说区分开来是比较科学的。其中，洪水传说最早可追溯至《尸子》[2]。据其记载，在龙门未辟、吕梁未凿之时，黄河于孟门山逆势而上，丘陵及高阜毁灭殆尽，是为洪水。有注释指出[3]，龙门及吕梁均位于今[4]陕西韩城附近的隘口处。吕梁的地理位置，在王国维所著《观堂集林·卷十八·邵钟跋》中亦有佐证。自今韩城附近的隘口处，黄河逆势而上，经孟门倾泻而出，形成支流。孟门则位于今河南辉县附近的太行山脉的白陉古道。那么据《尸子》记载的传说，黄河曾流经山西汾水流域，横断太行山脉，自河南怀庆平原流出。水流湍急，途经

---

① 亨利·马伯乐(Henri Maspero)：《古代中国》(*La Chine Antique*)，1928年，巴黎。——原注

② 见平津馆丛书本《尸子·卷上·君治》。"河出……"一文原出自《山海经·北山经》注释。——原注

③ 见《禹贡锥指》《淮南子本经训集解》《观堂集林·卷十八·邵钟跋》。——原注

④ 文中地名前出现的"今"均指作者写作本书的年代。——译者注

之处，丘陵高阜尽毁。《山海经》记载：

> 其（和山）上无草木而多瑶碧，实惟河之九都。

《穆天子传》^②记载：

> 升于盟门九河之隥。

这里的"河之九都"与"九河之隥"是同一所指，一般认为，指的是今河南省孟县、温县一带。那么，黄河便是经由孟门隘口处溢至怀庆平原，形成了九河之隥（渚）。由此可见，古传说中的黄河流经山西地域至河南平原。

区别于洪水传说，《淮南子》^③记载了淫水的传说。大致内容如下：很久以前，天崩地裂之时，烈火燎原，大水泛滥。猛兽啃咬良民，鸷鸟掠食老弱。于是，女娲炼五色石以补天，断巨鳌之足而立四极，杀黑龙济冀州，积芦灰止淫水。自那以后，

---

① 出自《水经注》卷五"河水又东过平阴县北"处注释（涵芬楼景印武英殿版）。——原注
② 顾实所著《穆天子传西征讲疏》引《山海经注》《水经注》"盟"作"孟"。郝懿行所著《山海经北山经笺疏》中记述"盟""孟"互通。顾实认为，"河"应为"阿"。——原注
③ 见《淮南子·卷六·览冥训》（集解本）。——原注

女娲补天

萧从云（1596—1673）绘

苍天补好了，淫水干涸，冀州也一片太平。有注释①指出，所谓淫水是指平地中涌出的水，而冀州则是指中原②。通过堆积芦灰去阻止淫水，方能使中原安定。马伯乐③认为女娲传说诞生于山东一带。而胡渭④认为尸子是晋人，所以洪水传说有可能诞生于山西一带。《孟子》将洪水及淫水两则传说融合成一个故事。《孟子·滕文公》中有两处同类型的记叙。其中提到⑤，在尧的时代，河流逆行于中原，泛滥成灾，蛇龙之辈频出，民众居无定所，居于地势低处者筑巢，居于地势高处者筑穴。其后禹掘地，引水入海，驱赶蛇龙之辈于菹泽。水流地上穿行，形成江淮河汉。人们从此免受洪灾侵袭，也无须担心鸟兽吃人，安稳地在这片土地上生活下去。洪水传说与淫水传说合二为一，成了大禹治水的故事。淫水传说主要讲述了恶水覆盖地面，导致飞禽走兽四处游荡，危害人间的故事。而洪水传说则主要向我们传递大自然的可怕之处，讲述洪水如猛兽一般，将周遭一切破坏殆尽的故事。这与世界范围内的洪水传说是否有关联，我们且按下不表。单论中国地区，学者认为，比起洪水，河水聚集的山东一带所产

---

① 见高诱所著《淮南子注》。——原注
② 同上。——原注
③ 见《古代中国》。——原注
④ 见《禹贡锥指》。——原注
⑤ 引自《孟子·滕文公下》中"公都子曰：外人皆称夫子好辩"处。见焦循《孟子正义》，《清经解》本。——原注

生的淫水才是百姓最大的敌人；而从山西到九河溢出的河北一带，则更能感受到洪水泛滥带来的恐惧。综上，我认为，在远古时代，受自然条件限制，两地形成了各自不同的文化和传说。

同时，这也可以证明，黄河流经龙门及吕梁之后才成为中原之河。这个说法在《尚书·禹贡》中也可考证。在流经山西和河南之间的狭窄地带时，黄河带来的灾害并不严重。其后，在一次改道中流向北边平原，黄河随即变为南北走向。概言之，黄河泛滥的区域，北起今天津，南至夺淮后汇入的洪泽湖，和如今水路并无二致。然而至少到汉朝时为止，黄河还未南流。汉朝学者所考证的旧黄河流域大致是北起天津，南至山东德州。我们认为，以前的黄河主要流经河南、山东、河北等地，而河南的部分地区到山东一带实则为济水流域。《尚书·禹贡》[①]中关于兖水的内容如下：

> 济河惟兖州，九河既道，雷夏既泽，灉沮会同，桑土既蚕，是降丘宅土。

意思是说，黄河和济水之间是兖州。黄河在此处状态稳定，雷夏泽无水患，灉水和沮水在此汇流。栽种桑树的地方开始养

---

① 见《禹贡锥指》，《皇清经解》本。——原注

蚕，人们从丘陵搬到平地上居住。文中对洪水进行描述时，并未强调人们对洪水的恐惧，而是着重描绘洪水退去之后所诞生的文明。我们很难认为这则材料只是在讲述洪水传说，而是更倾向于认为它主要讲述的是山东一带的淫水传说。也就是说，兖州被水覆盖，形成一片湿地。济水与河南东部荥泽等地的大小河流汇集，到了山东就形成了大大小小的水泽地带，然后在山东北部汇入大海。河流流速和缓，所经之处形成许多洲，十分适合人类居住。中国古代文明大约就是起源于这里。

目前，学界非常重视中国北部的黄土层这一地理条件。这种黄土在培育农作物方面具备优质条件。学者们倾向于以此来了解中国的农耕文明。中国北部的气候环境十分严峻，夏季酷热，冬季会有夹杂着早春的沙尘的寒风扑面而来，土地都会被冻结。从交通方面来看，冬季的严寒导致各大水系结冰，冬去春来之时，水中会有许多浮冰，不利于通航。天气转暖时，各处水位暴涨。一年之中有四分之三的时间无法利用水资源。对中国的农耕生活而言，最大的障碍就是水位暴涨。尤其是山西、河北一带，深受其害。《周礼》[①]中记载的沟洫之法正是为了预防这种灾害而构想的。在山东一带，情况又与此稍有不同。这里地势低而潮湿，芦苇生长茂盛，栖息着无数飞禽走兽。这里的农业以水稻种植为

---

① 见《周礼·地官司徒·遂人》。——原注

主，如何科学排放灌溉水乃重中之重。因此，程瑶田①才将用于原田地区的沟洫之法与用于下湿地区的潴法区分开来。他认为，原田地区主要顺应自然的水路即可，而下湿地区需要人类主动去争夺水资源和土地资源。中国文明正是发祥于下湿地区，随后渐渐发展到开垦后的原田地区。

除了洪水传说，《孟子》②还记载了辅佐大禹治水的能臣伯益的传说，主要是关于他治理山林、驱赶猛兽的故事。由此可见，中国北部平原的农耕生活模式是：先放火烧山、砍伐森林，后治理水源，再将土地转化为耕地。

火与水是构成中国传说的两大要素。在羿③（又称夷羿）的传说中就有所体现。羿作为善射者，曾射下九个太阳。有注释称，自古以来汉民族采用十日为一旬的方法来计算时历，他们认为太阳有十个，每天交替穿过天穹。但从某天开始，十个太阳突然同时出现，大地被炙烤，草木全部枯死。太阳由鸟之精怪幻化而成，于是羿便射下其中九个太阳，仅留一个在天空中，有效缓解了旱情。这是关于羿的一则英雄故事。另外还有其他传说，比

---

① 请参见《沟洫疆理小记·井田沟洫名义记》，《皇清经解》卷五百四十一。——原注
② 见《孟子·滕文公上》。——原注
③ 见《淮南子·本经训》。——原注

如羿射杀河伯①，与其妻洛神通奸；再比如羿射杀封豨②献给天帝；等等。这些都是与水有关的故事。在殷朝商汤的故事中，传说夏桀被商汤所灭。对于这位夏桀，人民是非常恐惧且痛恨到极点的，甚至到了"时日曷丧，予及汝皆亡"③的地步。正如崔述④所记叙的，夏桀自比天上的太阳，而民众则认为，哪怕他是太阳，也要与他同归于尽。有传说⑤记载，商汤在位时曾有过严重旱灾，河流全部干涸，砂石都被烤焦。商汤亲至桑林中祈祷，剪下自己的头发及指甲献给桑林之神。桑林乃雨神的居所，祈祷之时必须献祭活人。商汤不忍牺牲他人，于是就把头发和指甲等自己身体的一部分用于祈祷。桑一般作为水的象征而存在。在伊尹的故事中就有关于桑水⑥的传说，主要是说伊尹出生的时候，臼内水如泉涌，村落成为一片汪洋。而伊尹的母亲溺水而亡，身体化为空桑。恰巧有莘氏采桑女来采桑，发现空桑中有一婴儿，是为伊尹。我们可以看出，与夏桀、商汤有关的故事象征着火，而扶持商汤的伊尹的故事象征着水。水火相济，民生安定，正可谓

① 见《楚辞·天问》。——原注
② 见《淮南子·本经训》。——原注
③ 见《尚书·商书·汤誓》（孔传参正本）。《孟子·梁惠王上》中亦有引用。——原注
④ 见《崔东壁遗书》卷二《夏考信录》。——原注
⑤ 见《吕氏春秋·顺民》。另请参见《淮南子·本经训》"禽封豨于桑林"处注释。——原注
⑥ 见《吕氏春秋·本味》（集释本）。——原注

中华民族在农耕生活中积累下来的经验。在黄河、济水流域，或开辟湿地栽培水稻，或耕作田原种植五谷，两者共同构筑起汉族的农耕文化。

在周朝初期的记录中，周人认为在此之前有过夏、殷两个朝代。夏、殷、周统称为三代。一般所记载的夏朝国土大致位于济水和淮水之间。夏朝灭亡后，其后裔获封的杞国位于河南雍丘，在开封的东南面。河南东部至山东南部还分布着许多夏的属国。其中一部分位于济水下游，以今山东济南为中心的地域。夏朝[①]最后一代君主夏桀经鸣条之战，被殷朝商汤放逐于南巢了却此生。南巢位于今安徽巢县。而夏朝后裔杞被分封至雍丘。由此可见，鸣条之战的地点大致在山东南部到安徽北部一带。

据《左传》[②]记载，有夏之墟应在山西汾水一带。后世普遍将中原人称为有夏或东夏，也称中夏或诸夏。这些词一律被定义为中原列国，其含义皆与蛮夷相对。拥有汉族文明的国家都称为夏。当然，在古代，所谓国家，是指以聚落为中心结合而成的氏族团体。拥有农耕文明的各部族团体各自有各自的祭祀和传统，成为各邑土[③]之长。作为与蛮族相对的概念时，这些部族被称为夏，由此有了夏朝。中原部族统称为夏。又或者，像后世所解析

---

① 见《尚书·商书·仲虺之诰》。——原注
② 见《左传·定公四年》。——原注
③ 参见中江丑吉所著《关于中国的封建制》。——原注

的那样，面对这些蛮族，萌生出的所谓中原人的意识被称为夏，于是才有了夏朝的出现。

2

甲骨文中的殷朝历史

清朝末年，河南彰德府安阳村西边出土了刻有文字的兽骨。在当时，金石文解读在中国学界是非常流行的。于是，刻在兽骨上的古老文字立刻成了学者们的研究对象。在现场勘查中，人们甚至发现，此处附近不只有兽骨，还埋藏着各种陶器、石器、青铜器等。自那以后，安阳出土的文物不仅吸引着中国学者的探究，还备受来自世界各国的大批学者的瞩目。民国时期的中央研究院语言历史研究所还对其组织了发掘活动。虽然发掘活动因诸多不幸事故而不得不中止，但今后，像这样大规模、有组织的文物发掘活动理应复兴。

　　针对安阳出土文物的系统性研究目前仍在进行，今后该研究会更加详尽。在此，我想特别提出针对陶器研究的疑问。中国学者已经开始注意区分彩陶、黑陶和灰陶。在约翰·古纳·安特生[①]的理论中，彩陶蕴含着西北文明的体系。就安阳出土文物

---

① 约翰·古纳·安特生（Johan Gunnar Andersson）：《中国远古之文化》（*An Early Chinese Culture,Bultetin of the Geological Survey of China*），《甘肃考古记》（*Preliminary Report on Archaeological Research in Kansu,Memoirs of the Geological Survey of China*）。——原注

的研究结果来看，黑陶是在彩陶之后出现的文明样式。彩陶分布于中国北部平原到长江流域一带，北至东北一带也有出土。我们能看到，在彩陶文化之后，是黑陶文化的出现。从形式上来说，彩陶和黑陶分别代表两种不同文明，这一论点在目前的学界基本达成共识。至于灰陶，它是一种广泛分布的土器，并不拥有某种特定的文明体系。以陶器来区别文明体系，并进一步探究中国的人种问题，是目前学界的研究倾向，但这尚处在假设阶段。

文物的古代文化研究，需要与其他严谨的自然科学研究相辅相成。从历史的角度来看，能否通过解读兽骨上镌刻的文字直接判明殷朝历史至关重要。就这一点，中国学者几乎阐明了所有史实。在此基础上，我尝试阐述一些关于殷的王室世系的问题。

司马迁所著《史记》囊括了数千年历史。《史记·殷本纪》记述了殷的历史，将殷的世系定为四十三代。殷在王位继承上呈现出无规律性，有父传子、兄传弟的情况，也有兄弟中的长子传位给自己兄弟的儿子，或幼子传位给自己的儿子的情况。《史记》中出现的殷四十三代王的名字，甲骨文都有所记载。由此可见，《史记》中关于殷的记载不是无中生有，而是自古传下来的内容。殷的四十三代王在历史上是否确有其人，我们无法简单下

定论。王国维①曾将罗振玉收藏的骨片与哈同②收藏的骨片进行对照解读，发现殷的世系是按照一定顺序排列的。这与《史记·殷本纪》的记载略有出入。

《史记》

（上甲）微—报丁—报乙—报丙—主壬—主癸

甲骨

上甲—示乙—示丙—示丁—示壬—示癸

（注：上、报、示都是一个意思，表示祭祀的客体。）

根据甲骨文的记载，《史记》的这部分内容应当进行订正。但问题是，殷人向来有以天干取名的习俗，并且一般是指出生之日或者死亡之日的天干（尚无定论，我个人较赞同死亡之日的说法）。就上述甲骨文记载来看，天干按照"甲乙丙丁"的顺序排列，而上面所列六代王的出生或死亡时间不可能刚好就能按照这个顺序排列。因此，世系的排列顺序当然是后世整理的结果。关于整理的时间，董作宾③提出过一个假说，但不算定论。据《国

①　《观堂集林（卷九）·殷卜辞中所见先公先王续考》。——原注
②　哈同（Handon）资助，王国维编，《戬寿堂所藏殷虚文字》卷一。——原注
③　见《安阳发掘报告》。——原注

语·鲁语上》记载，殷人曾供奉上甲微。甲骨文也记载了从上甲微开始往后的几世甚至几十世。由此他认为，上甲微才是殷的第一代王。

而在《史记·殷本纪》中还记载了上甲微以前一共七代王（从契开始）的名字：

喾—契—昭明—相土—昌若—曹圉—冥—振

我们普遍认为契是殷的始祖，但问题是这七代王的取名习惯和殷人以天干命名的习俗并不一致。与甲骨文进行比对后发现，"振"字是"核"字的误用。"核"字去掉"木"字旁剩一个"亥"字，正属于地支。殷人偶尔会以地支命名，所以内藤湖南[①]主张，王亥可能是一个真实存在的人物。而我认为，这七位王与上甲微之后的王在本质上不属于同一范畴。我们很难判定从殷的祖先契开始的七位王和殷部族的喾是否真实存在过，但文献的记载也不可能毫无意义。所以这七个名字应该有着不同寻常的含义。对此，有一种假设认为，《史记》中虽无明确记载，但昭明、昌若、冥这样的命名方式，应该和甲骨文中的王恒一样，各自意味着一天之中明亮或昏暗的时刻。王恒的"恒"字本身也有

---

① 见《读史丛录》。——原注

弦月的意思。这种命名方式最后成为殷人以天干命名的起源（王
国维的主张）。至于"冥"到底是否指代昏暗，后续我会接着阐
述。相土、王亥二者，自古以来便流传着关于他们的传说。相传
"相土作乘马，王亥作服牛"，乘马就是指战车，服牛是指利用
牛进行搬运的一种工具。于是，殷人便把这些在人文进步方面有
所贡献的英雄作为祖先供奉了起来（王国维的主张）。周朝时期
继承了殷的血脉的宋国有诗歌《商颂》①如此歌颂相土的功德：

　　　　相土烈烈，海外有截。

　　相土发明战车，平定四国，最终使殷达到了四方来朝的盛
世。冥又称玄冥，相传是一位治水英雄，后世将其奉为北方的水
神。《山海经·海外北经》中记载：

　　　　北方禺强，人面鸟身，珥两青蛇，践两青蛇。

　　据郝懿行考证②，这里的"禺强"与"玄冥"同音。由此可
见，玄冥是一位异形之神且治水有功。后世提到治水传说时常

---

① 引自《诗经·商颂·长发》（涵芬楼景印铁琴铜剑楼藏宋刊本）。——
　　原注
② 《海外经》。——原注

能联想到禹或者鲧（即"鲧"），很少会提到玄冥。然"鲧"同"玄"，"禺"同"禹"。从玄冥到禹、鲧，治水传说也是一直在演变的（内藤湖南的主张）。关于王亥，《山海经·大荒东经》中记载：

两手操鸟，方食其头。

说明王亥是一位粗犷的神，发明服牛，在文化方面有所贡献。王国维指出，《楚辞·天问》记载了从玄冥、王亥、王恒到上甲微为止一连串的传说故事。这是非常有趣的发现。原文①虽冗长，我在此还是选择引用。

该秉季德，厥父是臧。胡终弊于有扈，牧夫牛羊？干协时舞，何以怀之？平胁曼肤，何以肥之？有扈牧竖，云何而逢？击床先出，其命何从？恒秉季德，焉得夫朴牛？何往营班禄，不但还来？

一方面，王国维认为，此段中"该"指王亥，"秉"指玄冥，"恒"指王恒。《楚辞·天问》记述的是这三位的故事。另

---

① 涵芬楼景印明翻宋本。——原注

一方面，《竹书纪年》在关于帝泄的内容中记载，传说王亥作为宾客前往有易国，和有易国首领绵臣的妻子有了不正当关系，于是被绵臣杀死。《楚辞·天问》正好记录了这件事，大致如下：玄冥是德行榜样，王亥继承其父玄冥之德，而他为何会在有扈国（即有易国）放牧牛羊并且遭难？王亥持盾跳起武舞，引诱有扈国的女子，女子体态丰腴，王亥是如何得手的？（参考刘盼遂的观点及刘永济所著《天问通笺》）有扈国的放牧小子，是如何击杀王亥的？他到底是奉了谁的命令来杀王亥？王恒也继承了玄冥之德，为何又取回了牛羊？有扈国遭灭亡后，又该去何处求取赐禄？（传说后来有扈国被灭，其土地被占）然而，不幸的是，玄冥不会再出现。自此，有扈国和殷的祖先结下大仇，彼此不断征战。《楚辞·天问》继王恒之后又讲述了上甲微的传说。

　　昏微遵迹，有狄不宁。何繁鸟萃棘，负子肆情？眩弟并淫，危害厥兄。何变化以作诈，后嗣而逢长？

　　就是说，上甲微也继承了玄冥之德，那么有狄哪里还有安宁之日。这在《竹书纪年》关于帝泄的内容中亦有记载。上甲微讨伐了有易国的绵臣，给王亥报了仇。"有狄"就是指"有易"。王国维认为，"有扈"可能是"有狄""有易"的误记。关于后续"眩弟"的内容，以前有注释者认为，这段是说舜的弟弟象迷惑父母，还与嫂通奸。一般来说，舜和殷是没有任何关联的，但据郭沫若[①]所考，殷的祖先帝喾就是舜。《孟子·万章上》中记载，舜的弟弟象受封于有庳。"有庳"即"有易"，又通"有扈"。所以在关于殷的祖先的传说中，有过舜、象兄弟不和的故事。继承了象的血脉的有易国总是和继承了舜的血脉的殷彼此斗争。到了上甲微这一代，就灭了有易国的绵臣，给这段源于兄弟不和的战争画下了休止符。后续讲述了商汤壮大殷、灭亡夏朝的故事。上甲微终结了殷和有易国宿命般的争斗；紧接着，商汤开启了殷朝的时代。

---

① 见《卜辞通纂》《甲骨文字研究》。——原注

3

殷的迁徙和盘庚奠都

直到盘庚于殷（今河南安阳）奠都为止，商人一共迁都十三次。关于这些旧都遗址，王国维认为[①]，商人最初的根据地是亳（今山东曹县亳城）。由此地往东到泰山山脚的曲阜一带，往西到河南的商丘、荥泽、温县一带，往北到河南的浚县、内黄县及山东的濮县，都曾是商人的都城。可以说他们主要在黄河下游的南北范围内活动。该部族对自己的称呼，原本并不是"殷"，而是"商"。这个名字来源于他们曾居住的商丘。该部族是在商丘逐渐发展壮大的。从盘庚奠都到殷朝灭亡的两三百年间，商人定都于殷，再没有迁都的迹象。此地被称为"殷"，周人也因此将商人称为"殷人"，于是自周朝以后"殷"就成了国名。

商汤以商丘为根据地，拓展殷的势力范围。正如前文所述，商汤和羿一样，也有着作为神话英雄的一面。同样是传说中的英雄，将商汤的传说对比羿的传说来看就很有趣了。据《左传·襄

---

① 见《观堂集林》卷十二《说自契至于成汤八迁》《说商》《说亳》《说耿》《说殷》。——原注

公四年》记载，羿耽溺于打猎。这段记载体现了蛮族的特征。传说中寒浞之子浇、豷杀了羿。浇、豷二人力大无穷，可陆地行舟。相传后来的恶来[①]、蜚廉也都力大无穷且善于奔走。两则传说都体现了蛮族的特征。后来少康杀了浇和豷，恢复了夏王朝的正统。《楚辞·天问》中的"咸播秬黍，莆雚是营"是不是关于少康的描述还有待考证。这句话字面意思是说播撒秬黍的种子，拔除莆雚等水草，将荒地变为良田。可以看出这是一个灭亡了以羿为代表的蛮族型文明，复兴了以有夏为代表的汉族型文明的故事。这样的故事在表达汉蛮对立方面是极其典型的。《孟子·滕文公下》中所记载的葛伯仇饷的故事在民众中广为流传。这个故事主要是讲，殷的都城还在亳的时候，旁边是葛国。葛国偷懒不祭祀，还把商汤送过来祭祀用的牛羊都吃了。为了给葛国提供祭祀用的谷物，商汤派商人过去耕地，但葛国袭击了这些商人并抢走了酒食和黍稻，甚至把不配合的商人的小孩也杀了。商汤大怒，因此征讨了葛国。从这个故事中我们可以看出，商汤作为祭祀的守护者，同时也作为农业的守护者而存在。葛国位于今河南宁陵以北，在商汤的国都所在地商丘的南边。《诗经·商颂·长发》记载，商汤还征伐了位于山东南部、亳以北的韦国、顾国、昆吾国。他以亳为中心，荡平了近邻的诸侯国，并壮大了殷的势

---

① 见《史记·秦本纪》。——原注

力。《诗经·商颂·玄鸟》中如此称赞商汤的功绩：

> 方命厥后，奄有九有。

意思是说，天帝昭告各部落首领，九州土地皆由殷占领。具体内容在《诗经·商颂·长发》中有记载：

> 受小球大球，为下国缀旒，何天之休。不竞不絿，
> 不刚不柔。敷政优优，百禄是遒。
> 受小共大共，为下国骏厖，何天之龙。敷奏其勇，
> 不震不动，不戁不竦，百禄是总。

据《诗集传》分析，"小球大球"是指各部落首领祭祀时所使用的玉器，"小共大共"是指各部落首领祭祀时所供奉的祭品。这说明在当时，各部落首领对殷是一种服从的姿态，参加祭祀并献上贡品。

据《史记》记载，从商汤即位一直到盘庚在位的这段时期，殷历经十九代、十世王统治。盘庚的曾祖父祖乙在迁都至耿（今河南温县一带）之前曾五次变更都址，迁都理由不明。但从盘庚迁都至殷之后便不再继续移动这一点来看，盘庚即位以来，以都

城为中心的王权得到最大程度的巩固。《尚书·商书》中有以盘庚命名的三篇文章，都记载了在当时盘庚迁都遭到过强烈反对，迁都之困难可想而知。关于《盘庚》三篇，以前的注释者们各有主张。

在此我不过多发表意见，直接采用中江丑吉的论点。中江丑吉认为[①]在《盘庚》三篇中，第一篇和第二篇所阐述的观点相同，只是改变了表达手法。从表达手法来看，第一篇偏陈旧。第三篇中加入了不一样的观点，可以明显看出后世对其进行的修正。中江丑吉认为第三篇并非完成于盘庚在位时期。以前的注释者也持此看法。第三篇应该是于盘庚逝后的第三代即位者武丁在位时，由史官追加的内容。我立足于中江丑吉的论点，以分析《盘庚》第一篇的内容为主，将此篇与周朝的文献进行对比，可以看出此篇的行文显得格外庄严肃穆。《盘庚》即便可能并不是完成于盘庚在位时期，也足够支撑我们通过其内容去认知殷。在此我简单地为各位介绍一下其内容。

第一段：盘庚准备将都城迁往殷时，臣民们因要离开原先居住的地方而心生不满。于是盘庚召集大臣作了以下宣讲："我的先祖祖乙以前把都城迁到耿是因为重视臣民。如果不迁都，臣民可能会遭到杀害，无法安稳地生活下去。这才用龟甲占了一卦，

---

① 见《关于〈尚书·盘庚〉篇》。——原注

选择迁都。自商汤即位以来，先王们无时无刻不谨遵天命，却还是不得不一直迁徙，至今已迁都五次。而今，我们如果不遵照旧例，恐怕会断绝传统，又何谈继承先王之大业呢？如果我们能迁往新的都城，就如同枯木中又长出新枝，迸发新的活力，就能够顺利继承先王的事业，平定四方。"

第二段：盘庚为了引导臣民，将在位的旧臣召集起来，教导他们要遵纪守法，在庶民对王权政治的弊端有所谏阻的时候，万不可妄图隐瞒。"我将各位大臣召集至此是想告诉你们，你们当放下私心，不可贪图安逸。先王们也是任用旧人为臣，共同治理朝政。如今我应当将自己的想法明确地告知于你们，而你们也要明白我的心思，君臣方能同心同德。你们若能做到，我作为王亦会给予你们足够的尊重。最重要的是，这样一来举国上下便不会再有怨言。"

第三段："而你们如今却这般阴险，四处散播谣言，妖言惑众。你们的所作所为实在是有损德行，不过我并不畏惧。我就好比那燃烧的火焰一般，一旦火光黯淡，你们这些人必定会贪图安逸。"

第四段："现在必须让一切都变得井井有条，你们必须抛却骄奢淫逸，脚踏实地，一心为民，并用实际行动去带动自己的亲朋好友。然而，事实却是你们以言语蛊惑、煽动庶民，你们这算是积德吗？再这样下去只会引来大灾害。这就好像懒惰的农民不愿在农田里安分劳作，其结果就是再也生产不出五谷。你们不以善言引导庶民，最终只会招致自身的失败。若事迹败露，引来庶民的愤怒，最终你们也会自食恶果，到时候怕是追悔莫及。"

第五段："哪怕是最普通的庶民，也知道要谨言慎行，而你们却恐吓、煽动他们。但我乃手握生杀大权的王，妄言之罪我必将惩治。"

第六段："迟任曾说过：'用人要用旧臣，不能像选用器具那样只要新的。'先王也曾同你们的祖先父辈一起辛勤地治理国家，那么我也不能就这样随意惩罚你们。我在祭祀先王的同时会让你们的祖先也一起享受祭祀。我以此般诚心报答你们的辛勤付出，认可你们善的一面。你们如果还是为非作歹招致灾祸，那就是你们自作自受，我不可能再给予更多的恩赐。"

第七段："你们这些人啊，不要看不起老成的人。你们且回到自己的封地，好好努力让老弱群体也能安稳生活。我会指点你们，同时你们也要服从我的计划。无论亲疏远近，只要有罪我就会惩罚，有功我就会奖赏。国家治理得好，是你们大家的功劳；国家治理得不好，是我一个人的责任。"

在第二篇中，记载了以下内容：

予念我先神后之劳尔先，予不[1]克羞尔，用怀尔，然[2]失于政，陈于兹，高后丕乃崇[3]降罪疾，曰："曷虐朕民？"汝万民乃不生生，暨予一人猷[4]同心，先后丕降与汝罪疾，曰："曷不暨朕幼孙有比？"

（大意：现在我们应该一同前往新的地方生活，而你们若不跟我同心同德，先王也会怪罪于你们，责备你们为什么不与他的幼孙齐心协力。）

关于盘庚迁都的缘由，普遍认为是因为耿都遭到黄河泛滥的破坏。但《盘庚》三篇中没有一字一句暗示过洪水的存在。文中只是不断强调迁都的必要性，而对迁都的原因却未提及。仅就文章内容来看，它强调迁往新的土地开始新生活有助于殷王室的发展。对臣僚的要求则是抛却骄奢淫逸，勤勤恳恳地工作，团结人民，并能够带动亲朋好友，让大家都遵守秩序。然而，当时的臣僚十分腐败。关于这一点，在第一篇中没有明确表达，在第二篇中有相关记载：

---

① 不：原为"丕"，参照《集注音疏》进行改动。——原注
② 然：同"乃"，参照《经传释词》。——原注
③ 崇：参照《尔雅·释诂》，"崇，重也"。——原注
④ 猷：助词，参照《经传释词》。——原注

兹予有乱政同位，具乃^①贝玉。

意思是说，参与朝政的各位贵族是由于祖辈的功劳才继承了官位，积蓄了许多贝，也就是货币（参照《集注音疏》），还有玉器，这有违你们祖辈初心。此句明确记载了臣僚的贪污腐败。另外，在第三篇中有以下记载：

今我民用荡析离居，罔有定极。

庶民离开故土，开始流亡，可以说是因为洪水泛滥，也可以说是因为臣僚的腐败。综合来看，首先，盘庚迁都可以说是因为臣僚的腐败和庶民的流亡，所以他急需重建政治秩序。臣僚之所以反对迁都，是因为如果迁都，他们就不得不放弃既得利益，于是他们煽动民众一起反对迁都。

其次，需要注意的一点是，盘庚明确表明他对庶民是有一份责任在的，而且承担责任的方式并不是直接向庶民宣示王的意志，而是通过在位的臣僚去管理庶民。所以治国好坏，关键在于臣僚。

最后，治国理政必须依靠臣僚，而他们也都继承了祖辈的地

---

① 乃：同"其"，参照《经传释词》。——原注

位。中江丑吉认为，这一点十分具有王族政治的特点，并且王往往手握神权。所谓神权，就是指刑罚权。不服从王制订的计划的人一定会被施以刑罚。当然在这种情况下一般都会采用占卜的方式，先聆听先祖的意志。这也反映了祭祀的重要地位。如果先祖认同，那么王的计划则代表王自身的意志，同时代表先王的意志，也代表了一同配享祭祀的臣僚的意志。我们甚至可以认为，先祖是因天帝的意志才降临人世，从而享有地上的支配权。所以先祖的意志也就反映了天帝的意志。如此一来，可以从逻辑上解释王为何会掌握神圣的刑罚权。殷朝从商汤到盘庚历经了多少岁月，自古以来有传说为证，但不足为信。从这份作为盘庚的诰命被传承至今的记录中，不难看出王权之强大。即便经过臣僚的一层层渗透，庶民依旧在证明王的权威方面起到重要作用。我们亦能了解到，臣僚囤积货币和玉器，自满于家中财富，骄奢淫逸，导致民众的生活苦不堪言。

4

殷朝末期（附殷朝社会）

据新城新藏研究[1]，殷纣王被周武王灭于公元前1066年。在后世的表述中，夏桀和殷纣王被视作暴君的典型，和人们理想中的圣人尧舜形成鲜明对比。那么我们来看看，在周朝初期的记载中，殷纣王是一个什么样的形象。

　　据《尚书·周书·多方》记载，周成王对曾臣服殷的各诸侯国国君及殷的旧臣作了一篇诰辞，告诉他们殷之所以灭亡是因为不慎刑罚。他认为殷朝的灭亡，这些国君和旧臣也脱不了干系。这是对于殷朝灭亡的反思，也可以证明盘庚的思想，即王手握神圣的刑罚权，以此约束在位大臣的德行，使他们能够一心为百姓，这样殷的繁盛才会持续下去。接下来，关于纣王所犯的罪行，据《尚书·周书·立政》记载，纣王在位时强横无道，擅用刑杀治理国家，并且喜欢和认同他的人一起处理政事，导致政事不够清明。不仅如此，他还听信妇人谗言，懈怠祭祀之事，沉迷酒肉，等等。这些在《尚书·周书·牧誓》《尚书·周书·酒

―――――――――
① 见《东洋天文学史研究》。——原注

诰》篇中均有相关记载。比起纣王个人的言行，殷上下的腐败作风才是问题所在。其次才是对纣王个人的不良德行的探讨。

很明显，殷是亡于纣王之手。那么从盘庚奠都直到纣王即位的这段历史又如何呢？据《竹书纪年》记载，武丁（高祖）平定鬼方。王国维认为[1]鬼方就是匈奴的前身。虽然现在一般采用该主张的情况较多，但还不能算作学界定论。甲骨文中有许多关于征伐的记载。以下是董作宾的研究[2]中记录的一张方位图。接下来我们将基于这张图，对武丁时代的殷与他国之间的外交关系进行考察。

如图所示，以殷都为中心，在东、北、西三面皆存在与殷有外交关系或者服从殷的国家；再外围还存在着土方、苦方、羌等部族，它们时而来犯，时而屈服于殷的统治。据甲骨文记载，沚国的沚戛曾来报，称苦方数次来犯，侵占了沚国的两座城池，还践踏了西鄙的农田并在该处放牧。由此可见，苦方恐怕不属于农耕民族，而属于狄族。（奴）国子臿也来报，称土方曾来犯，掳走了十六人。于是，殷出兵苦方和土方，分别派出三千人和五千人。可见比起苦方，土方的实力更强大。不过，关于这些部族的所在地尚未有可信赖的研究。殷都以东的儿国位于山东邹县，东

---

[1]　见《观堂集林（卷十三）·鬼方昆夷猃狁考》。——原注
[2]　见《甲骨文断代研究例》，原刊于《庆祝蔡元培先生六十五岁论文集（上册）》。——原注

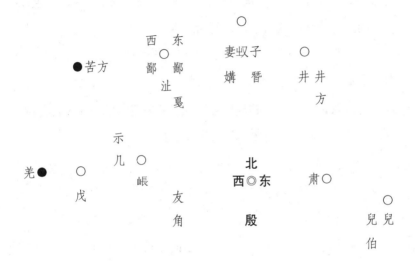

●土方

○

西　东
　　○　　妻叟子　　　○
苦方　鄙鄙　　媾晋　　井井
　　　沚　　　　　　　方
　　　戛

●苦方

　　　示
　　　几　○　　　　　　　　肃○
羌●　○　　嵄　　　北　　　　○
　　戊　　　　西◎东　　　兒兒
　　　　友　　殷　　　　　　伯
　　　角

图例
◎　殷都
○　属国及属邦
●　邻国

北边的井国位于河北邢台，那么前述沚夏可能位于今山西漳水上游，或者沁水流域。这样一来，我们可以判断土方、苦方就是之后的赤狄。羌后来作为藏系种族，在甘肃、四川的西边拓展疆土，而当时还在山西南部、黄河沿岸地区放牧。

武丁作为殷朝明君广为人知，而殷当时的强敌是北方狄族。随着殷朝国势将尽，以往服从殷的诸侯国都开始发难。比如盂方，它当时位于今河南的河内县一带，在纣王之前三代的武乙在位时，曾是武乙的狩猎场。后有如下记载：

余其从多侯于多白，正盂方。

后来，盂方国也发动了叛乱。当时，殷所面临的最大问题就是来自夷方（人方）的军事威胁。这个部族在武乙、文丁时代臣服于殷。据"佳人方受又"的记载，殷曾为征伐人方祭祀过祖先之灵。到了纣王时代，东夷引发暴动，纣王还曾亲自征讨。通过对甲骨文和青铜器铭文的研究，我们可知其细节。纣王前去征讨东夷，途经齐（今山东临淄）、雇（今山东范县东南边）、攸（今山东菏泽定陶区）、漷（今山东德县）等地，基本上途经今山东地区，据此我们可以判断，东夷盘踞于山东半岛。据青铜器"父己甗"和"父己尊"记载，纣王十五年，殷征伐东夷，

为了庆祝凯旋而制作了甗和尊。殷朝末期遭遇多国叛乱，而纣王却执意讨伐东夷，恐怕也是想重振殷的士气。《诗经·国风》中有《邶风》《鄘风》《卫风》，其中"卫"毫无疑问是指河南卫辉一带，"邶"①是指河北易县、涞水县一带。邶出土的多件青铜器上都刻有北伯侯的铭文，而从铭文来看，邶应该深受殷文化的影响。另外，"鄘"②音似"奄"，应该是指山东曲阜一带。由此可以证明，殷的统治哪怕是到了末期，其范围也跨越了河北、山东、河南的大部分地区。到了纣王时代，殷的势力范围一直延伸到了东边的尽头。然而，在势力扩张的同时，王室和大臣们也逐渐不思进取，耽于享乐，这直接导致了殷朝的灭亡。《诗经·大雅·荡》中记录的关于殷鉴的内容如下：

> 文王曰咨，咨女殷商。天不湎尔以酒③，不义从式。既愆尔止，靡明靡晦。式号式呼，俾昼作夜。
> 文王曰咨，咨女殷商。如蜩如螗，如沸如羹。小大近丧，人尚乎由行④。内奰于中国，覃及鬼方。

---

① 见《观堂集林（卷十八）·北伯鼎跋》。——原注
② 同上。——原注
③ 见《毛诗传笺通释》。——原注
④ 无合适解释。《诗辑》："而汝等人尚由而行之不改过乎，昏乱如此。"——原注

这指的不止纣王一人，而是说殷朝权贵皆沉溺酒色，不分昼夜群起乱舞。无论是汉族，还是蕃族，这种混乱的景象都会导致民怨四起。而《史记·殷本纪》中将这些都归咎于纣王一人，描绘出所谓"长夜之宴"的景象，记录纣王在邯郸沙丘（河北平乡县东北面）兴建离宫别馆，每日沉溺于享乐。这股风气甚至影响到了殷的贵族群体。不难想象，伴随着生活上的奢靡，就必然会出现道德的堕落。而此时，于渭水流域崛起的周国，正值发展壮大之时，为此后的殷周之战埋下伏笔。

　　殷朝历史就此走向终结。接下来，我将依据甲骨文研究，针对殷朝的社会情况进行阐述。甲骨文中出现频率最高的记载是关于祭祀占卜之事，其次是田猎，然后是渔捞。据郭沫若考证[1]，田猎的猎物以鹿居多，其次是野猪、狼、兕、兔、雉等。值得注意的是，兔、雉数量最少，虎、豹几乎没有。最有趣的是，有记载称曾猎到过象。在田猎活动中，殷人已经开始驾驭马匹；而在渔捞活动中，无论是容器，还是渔猎方法，都独树一帜。根据这些记录我们可以推测，当时王所进行的田猎、渔捞活动很大程度上是以游乐为目的，距离真正的渔业、畜牧业的时代还很遥远。但我们也很难就此断定当时的田猎、渔捞活动只是王的游乐行为，因为古代的田猎、渔捞往往与祭祀和军队演习都有着密不可

---

① 　见《中国古代社会研究》。——原注

分的联系，单单称其为游乐怕是不妥的。在董作宾的研究[1]中，随着时代的进步，关于田猎的文字记录是逐渐增多的，这或许也可证明这些活动的游乐性质在逐渐增强。而这也逐渐引发了一些非议，纣王就是最乐于投身田猎活动的王。

甲骨文中关于农业和畜牧业的记载相对较少。这当然也是因为王本身并非直接的生产者。从文字构造和表达方面来看，当时的畜牧业和农业其实是十分发达的。举个例子，在记录祭祀供奉的牲畜时，采用了"大牢""小牢"的说法，也有明确记载称使用了牛、羊、猪、狗等牲畜，以"牝牡"表示雌雄，又以"骍"或者"白骍"表示颜色。由此可见，用于祭祀的牲口应该是在王所拥有的牧场中被悉心照料的。除牛、羊、猪、狗四畜之外，还有关于马、鸡的记录，可以说是六畜齐全。除此之外，殷人还会饲育大象，而且据传大象还会用于战事。

农业方面需要注意的是耒耜，在甲骨文中也有许多关于耒的形态的表述。徐中舒的研究[2]表明，耒是一种树枝型的工具，上端为弯曲的手柄，下端用作犁头。在耕作较硬的土地时，先把下端插进土里，然后将土翻出来。正如《周礼·考工记·车人》中记载的"直庇（尖锐的部分）则利推"。"耜"字的右半部分在

① 见《甲骨文断代研究例》。——原注
② 见《耒耜考》，原刊于《历史语言研究所集刊》（第二本第一分）。——原注

甲骨文中也能找到相关记载，耒是一种纯木质工具，而耜是一种在木棒末端拼接上较宽的金属刃的翻土工具。正如《周礼·考工记·车人》中记载的"句庇则利发"。这两种农具是农业活动中最基本的两种，尤其是当两人并肩同时耕作于畎亩时最常使用。《周礼·考工记·匠人》记载："耜广五寸，二耜为耦，一耦之伐，广尺深尺，谓之畎。"我们不知道为什么二人要各持一耜合力并耕。一直到后汉时期都存在着"相人偶"[①]这个词，它的意思是两个人凑得非常近地一起耕作。也有研究[②]认为"相人偶"指的是《中庸》中所记载的"仁者人也"。总而言之，耦耕的行为持续了很久，甚至不只是耕作，乃至射箭活动中也常见二人并射决胜负的形式。可以说是古代的习惯之一了。另外，甲骨文中还记载了许多与农业有关的象征农场、仓库的词语。还有"祈年"这个词，是指王向神祈祷一年的丰收的仪式。更有趣的可以参见吴其昌关于协祀的研究[③]。甲骨文中多次记载了这样的祭祀活动，根据 𦫵 字形判断，𦫵 极有可能与耒耜有关。并用耒耜、协作耕地的情况确实都出现在祭祀之时，卜辞中也有记载：

---

① 见《仪礼·公食大夫礼》（郑玄注）。——原注
② 见《礼记·中庸》（郑玄注）。——原注
③ 见《甲骨金文中所见的殷代农稼情况》，原刊于《张菊生先生七十生日纪念论文集》。——原注

　　大命众人曰："协田，其受年。"十一月。

　　就是说将耒耜并排置于田地中举行祭祀。一般这个时候人们除了举行祭祀，还要一起合作耕作。也可以说是为了祈祷丰年，大家举行了协作耕地的仪式。后世还有籍田仪式，是天子亲耕的一种仪式。"籍田"的"籍"字应该也是由"耒"字转变而来的。甲骨文中记载的" 祭"是其来源。而且这个仪式非常隆重，可以看出国家很重视农业相关的仪式，王同时也是农业的守护者。通过以上论述，可概观殷朝的农业百态。接下来，我想就殷朝的王位继承制进行阐述。

　　王国维所著《殷周制度论》[1]中提到，殷的家族中不存在嫡庶之分。所以在殷朝，祭祀先王时无论兄弟长次都采用同规格的制式，甚至对未继承王位者也采用相同的制式。有观点认为，首次确立长子继承制的人是周公旦。在传位之际，如果不分嫡庶，很容易引起动乱。所以周公旦在确立长子继承制的同时，也严格规定了嫡庶有别。该观点过分肯定了周公旦的创意。郭沫若主张从社会学角度进行考证[2]，认为殷朝有兄终弟继制，周朝是在此基础上逐渐发展出了长子继承制。比如，甲骨文中记载了二父、三

----

[1]　见《观堂集林（卷十）》。——原注
[2]　见朱芳圃编《商史编·婚媾》。——原注

父、多父的情况。武丁在祭祀他的父亲少辛及少辛的兄弟阳甲、盘庚时，都称为父，也就是诸父。另外在《尔雅·释亲》中记载"女子谓姊妹之夫为私"，"母与妻之党为兄弟"，"婿之父为姻，妇之父为婚"，"妇之父母、婿之父母，相谓为婚姻"，解释了当时的亲属关系。如果彼此父母缔结婚姻关系，那么他们的儿女则为夫妇关系。在母权制度下，男子的兄弟都要入赘到女方家族。在这种家族以女子为主的情况下，不可能进行父子继承，所以只能进行兄弟继承。殷朝的兄弟继承制可能就是由这样的社会关系决定的。马赛勒·葛兰言也曾说过[1]，古代中国应当也经历过社会学意义上的时代，但我们很难断定甲骨文的时代是一个社会学意义上的时代。董作宾进一步对甲骨文中记录的作为祭祀客体而存在的祖先的顺序进行研究[2]，结果表明武丁、文丁时代祭祀的先王的顺序出现了"十世""二十世"等表达。"世"和"代"不同。在兄弟继位的情况下，王未必会成为祭祀的对象。嫡储继承制中，于宗庙祭祀反而是很常见的。另外还有"大示""小示"等词，可能就是以后"大宗""小宗"的前身。大宗是指供奉于宗庙内的殷朝正统继承者，那么至少从武丁时代开

---

① 马赛勒·葛兰言 (Marcel Granet)：《中国文明论》(*La Civilisation Chinoise*) 第二部。——原注

② 马赛勒·葛兰言：《中国封建时期的媵嫁制度和续娶妻妹传统》(*La Polygynie sororale et le Sororat dans la Chine féodale*)。——原注

始，就已采用嫡子继承制。董作宾的研究可以说是从《尚书·商书·高宗肜日》中得到了启示。该篇章在结尾处这样写道：

　　呜呼！王司敬民，罔非天胤，典祀无丰于昵。

　　意思是说，身为君王要体恤万民，无非就是要遵守自然礼法，在祭祀的时候不能过于厚待自己的亲人。而自然礼法就是指在王位继承上应当遵守的规则。这种规则是母系社会公认的自然礼法，王位并非由兄弟继承，而是一定要形成以君王为主体的秩序。随着思想的发展，兄弟继承制应当以合理的方法进行改革。因此，虽不能说嫡储继承制已彻底被殷朝采用，但至少是出现了这种转向。另外，在殷周交替之际，孙子的存在占据着极其重要的位置。关于这一点，我们且期待后续研究。

　　最后，我们来谈谈殷墟出土的白陶。它常被视作最能代表殷朝贵族文化的物品。对济南城子崖遗址出土的文物进行研究，我们能够探寻到深埋在殷朝历史长河中的古老文化。将其和殷墟的白陶进行对比，便能察觉到显著的文化进步。滨田耕作认为[1]，白陶主要体现了殷朝贵族奢华的作风，而红色或黑色的骨制品及精美的玉器体现了当时以殷人为中心的高度发达的文化。这种不

[1]　见《东亚考古学研究》。——原注

同寻常的文化发展，在某种意义上引发了道德的崩坏，最终导致殷被周所灭，文化也随之消亡。

周朝初期及全盛期

5

周的勃兴

据孙怡让研究[1]，殷墟的甲骨文中出现过"周"字。学界也普遍认同这个主张。另外还有记载称周被某族或某诸侯国侵略云云。郭沫若据此推测[2]，周的文明程度略高于其他国家，其财富往往成为被掠夺的目标。从"令周公"等记载可以看出，当时的周和殷存在邦交关系。《竹书纪年》记载[3]，周文王的父亲季历被殷的文丁所杀。周和殷之间频繁争斗，而季历那时已被殷授予牧师（殷朝西部诸侯之长）一职。在周人记述的历史中，该事件虽无相关记载，但不代表它是子虚乌有的。关于这一点我们稍后再议。《诗经》常被视为对于周朝历史的记录。那么我们可以以此为依据进一步考查周人所传的历史。

《诗经·大雅》中的诸篇什一直是学界研究周初时期非常重要的史料。然而，《大雅》中《文王之什》及《生民之什》两篇

---

[1] 见《契文举例》。——原注
[2] 见《甲骨文字研究·释寇》。——原注
[3] 见《古本竹书纪年辑校·大丁》。——原注

未必是同时期的作品。比如，同样是关于周民初生之地的描述，在《生民之什》的记录中提到有邰之国，而在《文王之什》中则有"民之初生，自土沮漆"的记载。"自土沮漆"解释有三：其一，《毛诗诂训传》主张周民居于沮水、漆水之畔；其二，《汉书·地理志》主张周民生于杜水、沮水、漆水之畔；其三，郭沫若主张[①]周民由杜水迁往漆水。无论采用哪种主张，周民初生之地都位于岐山之阳，即今陕西凤翔北面的溪谷中。此地被称为周原，传说"堇荼如饴"。有邰则位于其东边，即今陕西武功县。综上，同是周民初生之地，却有两种说法，一为周原，一为有邰。那么，我姑且认为先成立的是《文王之什》。"周"这个国名确实源自"周原"这个地名。据说最先定居于周原的是古公亶父。《大雅·绵》记载古公亶父之时，先代周民尚且过着"陶复陶穴"的生活，没有稳定居所，直到后来定居于周原之后才开始了都城生活。古公亶父首先修整土地，将田地按照畎亩法以井字型隔开，并在中间修路；然后修建房舍，他命主管土木建设的司空和主管劳役之人的司徒选址，在确定好的地点垒砌围墙；施工时还命人击磬打鼓，让工人伴着乐声劳作；最后筑起内外城门，并修建大社。待都城落成，以周族为核心，周人居住于城内，

---

① 本文提到的"这是郭沫若之主张"实为误记。《两周金文辞大系考释》中关于"矢人盘"的描述"自郊祖宫""自堂祖基""自羊祖牛"，在本书中的理解为我的推测。——原注

打理好的田地供农民耕种。"陶复陶穴"意味着穴居生活①，应该是说周这个部族有过营窟而居的经历。从这段关于周人初生之地的历史来看，古公亶父可以说就是他们的始祖。然而，《生民之什》中记载，后稷才是周人祖先。在传说中，后稷是神一般的存在，他向百姓传授农耕之事。但我们无法以此断定他就是周的始祖。恐怕是在周实现天下一统之后，周人为了某种需要才将他当作自己的祖先。《生民之什》称后稷是孕育周族的大母姜嫄的儿子，受封有邰。有邰乃施行农耕之地，姜姓居住于此。后来姜嫄姓与周族通婚，使周族也渐渐成为农耕部族，不断繁衍生息。《生民之什》对农耕生活的记载十分清晰。其中一节提到，所收获的粮食包括黑黍、秠（一皮二粒的黑黍），以及叫糜和芑的谷物，其产量都是以亩为单位的。将这些谷子用臼捣碎，然后用簸筛出米粮，蒸熟之后酿成酒，再用簋簋盛上饭食，一同用于祭祀。如此细致的农业描写足以说明有邰的农耕文化之昌盛。而周人所定居的周原就无法确定是否有过农耕活动了。在《大雅·皇矣》中有开垦周原的记载，砍掉枯木（原文"菑"，参照《毛诗传笺通释》），清理掉那些已经倒仆的树木（原文"翳"），割掉灌木丛生的枫木丛（参照《经义述闻》），柽木、椐木也一并伐掉，然后让能够成为制弓材料的檿和樫苴壮成长。仰慕周之

---

① 见《毛诗传笺通释》。——原注

德行而特意前来拜访的人变多，昆夷屈于其威四处逃窜。《左传·宣公十二年》记载"筚路（柴车）蓝缕，以启山林"，《左传·昭公十六年》记载郑桓公迁都新郑的时候，曾与商人一起砍伐杂草开垦荒地。迁往新的居住地时，必须要处理掉森林或者湿地中丛生的各类杂草植物。周原是昆夷，即匈奴族的盘踞之地，将其改造为适宜耕种的土地可以说是上天给予周人的使命。话虽如此，也不必断言周人是天生的农耕民族。其实他们是通过与姜姓通婚，才逐渐转变为农耕文明的保护者。越来越多的农民向周原聚集。同时周人又与威胁到农耕文明的匈奴族战斗，经营都城，一点一点夯实周族的根基。据《大雅·公刘》记载，周族首先是在豳地耕种生活，之后迁至周原。我认为该篇是在周族于泾水流域扎根之后所作。文中尤其需要注意的是"取厉取锻"，《郑笺》认为"锻"的意思是铁矿，郭沫若认为[①]那时的周人已经开始使用铁器。

《诗经》证明自古公亶父之后，又历经季历、文王时代，周的国力日渐昌盛。要说季历在位时的重大事件，应该就是指迎娶挚国任姓女子一事了。《大雅·大明》记载：

　　挚仲氏任，自彼殷商。来嫁于周，曰嫔于京。乃及

---

① 见《中国古代社会研究》。——原注

周文王

日本画家狩野山雪（1590—1651）绘

王季，维德之行。

挚国位于今河南汝宁，是处于殷朝统治下的很有来历的部族。将本族女子嫁入周原的都城，也可以说是邀请周成为中原文明国。挚国女子和季历一起贯彻德政，中原文明也给周族的发展注入活力。而关于季历之子文王，其夫人的身份如今学界众说纷纭。《大雅·大明》记载：

> 大邦有子，伣天之妹。文定厥祥，亲迎于渭。造舟
> 为梁，不显其光……缵女维莘。长子维行，笃生武王。
> 保右命尔，燮伐大商。

另外《大雅·思齐》记载：

> 大姒嗣徽音，则百斯男。

一般认为太姒是指有莘氏长女，继承了季历的夫人太任的使命，嫁给了文王并生下武王，武王又灭了殷。传闻，有莘国是商汤夫人的母国。据《史记·周本纪》记载，文王曾被纣王所擒。于是闳夭等人设计，献有莘氏美女于纣王，以营救文王。有莘国

位于今河南陈留县，其国姓是否为姒尚且不明。不过提到有莘氏
之女，大都是美女的形象，所以继太任之后嫁入周国的太姒应该
就是有莘氏女子。另有一说，姒姓莘国位于今陕西大荔县附近。
这解释看似合理，但把当时势头正盛的周国迎娶大荔附近的女子
比作迎娶天上的仙女，实在是不太合理。所以顾颉刚认为[①]，被
称为"天之妹"的大邦女子并非生下了武王的太姒，而是指从殷
王室嫁入周国之人。所以这件事才会作为周国的重大事件被记录
下来。那位从殷王室嫁过来的女子结局如何，在诗文中并无相关
记载，但和生育武王的太姒应不是同一人。《周易》中记载"帝
乙归妹"，另外在甲骨文中也有记载"帝妹""贞妹其至，在二
月"。王弼认为，"妹"指的是"少女"，少女出嫁谓之归妹。
帝乙嫁女与周文王，在《周易》的记载中不可谓不是大事件。
《周易》是周朝建立以来十分重要的占卜类书籍，所以这件事对
于周人来说是非常重大的。正如前文《大雅·大明》中所记载的
那样，"大邦有子，伣天之妹"。周将殷称为"大邦"，在《尚
书·周书·召诰》"呜呼！皇天上帝，改厥元子，兹大国殷之
命"，《尚书·周书·康王之诰》"皇天改大邦殷之命"等文中
均可考。与之相对，周自称"小邦"，《尚书·周书·大诰》中
记载"天休于宁王，兴我小邦周"。因此，文王在迎娶帝乙之女

---

① 见《周易卦爻辞中的故事》，刊载于《古史辨》第三册上编。——原注

时，依礼择定良辰吉日，造舟为梁，亲自迎接。以上是顾颉刚主张的大致内容。由此得知，季历和文王两代周王，皆是通过姻亲关系逐渐将势力渗透至中原文明之中的。在本章开始之初，我曾提到季历被殷封为牧师，后被殷王文丁所杀，两者其实并非自相矛盾。据《竹书纪年》记载，那时的周族与蛮族斗争激烈，其势力范围在山西一带逐渐扩大。从殷的立场来看，以上举动是对周的怀柔政策，同时也想压制周的发展。

6

殷周革命

周太王（古公亶父）在周原营建城郭，到了季历时期与殷王室通婚，同时也与殷展开了激烈的竞争，到了文王时期，国力达到鼎盛。《大雅·皇矣》记载，一个叫密的部族入侵已臣服周的部族阮、共。周文王大怒，于是派兵灭了密。密又称密须[1]，位于今甘肃东部的泾州灵台一带。《吕氏春秋》记载[2]，密人捆了自己的王前来进献给周文王；《左传》记载[3]，周文王收缴了密人使用过的鼓和车，用于狩猎活动。这些对战争大捷的描写都是为了说明周当时的赫赫战功。随后，周还灭了崇国。崇国位于今陕西西安附近，是一个很古老的部族，与殷有着千丝万缕的联系。所以灭崇可以说是周文王最显赫的功勋了。《大雅·皇矣》的末章描述了这场战争大获全胜的光景[4]。周文王灭崇，并迁都

----

[1]　见《左传》《国语》。——原注
[2]　出自《左氏会笺》。——原注
[3]　见《左传·昭公十五年》。——原注
[4]　参照拙著《关于〈大雅〉中文王诸诗的二十三种解释》，刊载于《狩野教授还历纪念·汉学论丛》。——原注

于丰地。在崇侯的统治下，丰地一直对殷文化有着强烈的认同感。由此可见，当时的周文王已经和殷处于绝对的对立面，因此才有了后世儒者最乐于探讨的议题——虞、芮两国与周文王的关系。《大雅·绵》记载：

> 虞芮质厥成，文王蹶厥生。

这讲的是周文王解决了虞、芮之间诉讼问题的故事。虞位于山西平陆，芮位于陕西同州附近，双方就平陆附近田地的归属问题争执不下，于是手握神圣刑罚权的周文王评断了此次争端。周文王解决问题，证明了自己受天命为王。而且据儒者相传，因周文王德行高尚，虞、芮两国自惭形秽，自发地平息了这场争斗。周文王的德行就是他为王的资格。于是后世便将该年称作"受命元年"，其后便是"受命二年""受命三年"等。这显然有后人添油加醋的成分在。事实上，当时山西一带早在周文王的势力范围内。《大雅·皇矣》首先记录了民之初生，最后描述了虞、芮的诉讼之争。而在朱熹的解释中①，"文王蹶厥生"是在说正要崛起的周国在周文王的治理下实现质的飞跃。周文王终于成为货真价实的一国之君。

---

① 见《诗集传》。——原注

《鲁颂·闷宫》有云"居岐之阳，实始翦商"，《史记》[1]也记载文王暗中已有翦商之志。学者普遍认为，其实自周太王之时就有了伐殷的计划，周文王继承了其大业。是否已有计划不重要，重要的是周作为一股新兴势力正不断向东边扩张。与之相对，整体上呈现颓势的殷，因纣王的一意孤行，也向东边扩大了势力范围。可见当时的周文王已经是纣王不得不打压的对象。

周文王死后，周武王即位。此时，伐殷的军队已整装待发。这里虽诸多细节不明，但周武王灭殷是不争的事实。这是中国古代历史上浓墨重彩的一笔，许多文献都有相关记载。《史记》中，周武王的军队向西进发至盟（孟）津，欲渡黄河而入殷境内。太师尚父（吕尚）一声令下，集结众庶，整备船队，并严格规定迟者斩首。周武王渡河途中，一条白鱼跃到他的船上，他屈身捕获并将鱼献祭。渡河之后，一个火团化作鸟儿落到他的船上。鸟儿羽毛鲜红，其声隆隆作响。白鱼象征殷；火鸟为日，象征周。殷周革命印证了中国古代水火之争的观念。决战地点位于今河南卫辉以南的牧野。《大雅·大明》记载：

---

① 见《史记·周本纪》。——原注

　　　　殷商之旅，其会如林。矢于牧野，维予侯兴。上帝
　　临女，无贰尔心。牧野洋洋，檀车煌煌，驷骥彭彭……
　　会朝清明。

　　"其会如林"的"会（旝）"指一种投石的器械。"檀
车"和"驷骥"是指驾兵车的马四匹为一排。"会朝"指"瞬
间"，就是说牧野之战是瞬间定了胜负。据《孟子》记载[1]，现
场可用"流血漂杵"来形容，可谓非常激烈的战争。最终纣王
葬身于火海。

　　周武王伐纣功成，这对周族来说是至高无上的荣誉。但马伯
乐认为，后世传说中的周武王的战胜者姿态实在是过于形式化。
虽说《诗经》中有相关记载，称周是如何轻易获胜平定天下的，
但这不过是文学手法罢了。实际上，纣王死后，在今河南及安徽
北部，乃至山东等地，仍有许多残存的旧殷势力顽强反抗。《逸
周书·世俘解》中有相关记载：（一）灭殷后，周武王派遣了许
多将领带兵征伐中原地区殷的属国，他们俘获许多战俘、献上许
多馘（为计数献功割下敌人的左耳）；（二）在举行庆祝胜利的
祭典时，必有籥师确定好舞蹈流程。被称为首或兽的酋长们扮演
俘虏，将舞蹈献给周的祖先。近年河南浚县辛村出土了被称为

─────────────

① 　见《孟子·尽心下》。——原注

"檀伯达簋"的青铜器。容庚认为它是周朝初期器物。小川茂树则认为它是祭器，由受封于檀国的司徒达（《左传》中的南宫适）铸造。当时他正处于受封于卫的康叔的监视下。卫位于今河南温县，檀位于今河南浚县，两地皆是黄河流域的重要渡口。周武王与殷展开激烈斗争之后，自然要在军事要地分封诸侯，以镇压旧殷的各处势力。

周武王灭殷后首先回到今陕西，在当地举行了盛大祭典。据郭沫若研究[1]，"大丰簋"就是为纪念此次祭典而铸造的。孙怡让的研究表明[2]，祭典中还采用了军礼。铭文记载此次祭典的祭祀对象共有三个：（一）"王祀于天室"；（二）"衣祀于王，丕显文王"；（三）"事喜于上帝"。"衣祀"是指祭祀周文王，"事喜"是指祭祀天帝，"王祀"应该是指祭祀周的先王。所谓先王并不单指某一位王，而是指很多位王。另外，祭典涉及军礼，所以很有可能是和"大武"一起制定的。而通行的说法是，所谓"大武"这种舞乐是在武王时制订的。乐舞共有四成，一成为一曲一舞。《礼记·乐记》记载：

> 且夫武（《大武》）始而北出，再成而灭商，三成

---

① 见《两周金文辞大系考释》。——原注
② 见《周礼正义》。——原注

而南，四成而南国是疆，五成而分周公左、召公右，六
成复缀，以崇天子。

其中，一直到四成为止都是由周武王所作。据王国维研
究①，舞者首先迈三步登上舞台，此时奏《诗经·周颂·昊天
有成命》诗中一节；接着，舞者扮演周武王，展现其北伐之
时于盟津检阅军队的英姿，这是第一成。然后奏《诗经·周
颂·武》一诗，舞者开始快速在舞台上来回走动，演出伐纣灭
殷的气势，这是第二成。接着奏《诗经·周颂·酌》一诗，展现
周武王前往南国、河南、山东的样子，这是第三成。最后奏《诗
经·周颂·桓》一诗，展现南国皆臣服周国的景象，这是第四
成。这四成中，最重要的是第二成，将取纣王首级的景象以舞蹈
表现出来，并辅以配乐，呈现出盛大场面。后世将整个过程仪式
化，于是才有了《史记》及《逸周书》中描写的场景。《史记》
记载，周武王在纣王死后还亲临现场，亲自执弓朝他射了三箭，
随后下车用轻剑（剑名）刺他，用黄钺砍下他的头，挂在大白旗
上。这是去掉了舞蹈和音乐的部分，仅用文字表现的效果。另外
在《尚书·周书》中有一篇名为《牧誓》的文章，马伯乐认为这
或许是从《大武》这部乐舞作品转化而来的。那么是否如他所

①　见《观堂集林（卷二）·周大武乐章考》。——原注

料呢？我们且来看看《牧誓》中的词句：

> 称尔戈，比尔干，立尔矛，予其誓。

这样的描述确实很有舞蹈性。另外还有训令如下：

> 今予发，惟恭行天之罚。今日之事，不愆于六步、
> 七步，乃止，齐焉。夫子勖哉！不愆于四伐、五伐、六
> 伐、七伐，乃止，齐焉。

《周礼·大司马》中有关于冬季大阅兵的记载。在狩猎活动举行的同时，也会有阅兵式，阅兵一般在长宽约三百步的场地上进行，从北到南五十步为第一表，又五十步为第二表，接着百步为第三表，再百步为第四表。第一表时，步兵战车皆需伴随鼓铎之声开始行动；由第二表至第三表时要加快速度；最后到第四表时，伴随太鼓之声响起，演习结束。从战车射出三发箭矢，步兵要执剑突刺三次，象征攻克敌人，其动作与《牧誓》中描述的十分相似。《牧誓》的记叙风格太过拘泥于形式，很难想象这样的训令是在周面临争霸之战时所写。前文中所引"今予发"中的"发"是指周武王的名字。《史记》记载，周武王制作了周文王

的木主（牌位）置于军中，自称太子发，宣称是奉了周文王之命前去讨伐殷纣的，绝非自己独断专行。将周文王的木主供奉于军中确有其事。考古学者①在出土青铜器中划分出一个种类，称之为旅器，是指在行军途中用于祭祀的器物。我对《史记》的结论存疑。奉木主确有其事，但不能说明周武王自称太子发，且宣称自己出兵讨伐不是独断专行的。很难想象周武王曾自称发来命令部下。周文王是受天命为王，而周武王当时没有行改元之礼。后世学者在记录周武王时期的年号时，采用了"受命x年"的说法，《史记》也可能是因此才有了前文的结论。也就是说，后世构筑了周文王的故事，然后在此基础上又构筑了周武王的故事。所以在研究中国古代史时，若不慎重考虑这样的情况，是无法还原真相的。

---

① 见马衡所著《中国金石学概要》。——原注

7

周朝初期平定东方之乱

周武王在灭殷之后仅过了两年就驾崩了，而当时的周成王尚且年幼，难当大任，周前途多难。《逸周书》[①]记载，周武王担忧国事，于是在死前将政事全盘托付给了弟弟周公旦。践阼论、摄政论等就是后世根据这个故事推断的结果。但王国维认为[②]这些不过都是后世儒者的猜测。《尚书·金縢》记载周武王灭殷后身患重病，于是周公旦向天祈祷，愿以命换命让周武王痊愈，其祝词原文大意为："如今三王（周太王、周王季、周文王）重要的长孙姬发受到上天的感召，要去天上尽孝。我愿意代替他履行这份责任。我多才多艺，能侍鬼神，而姬发不能。他受命于上帝，有更重要的使命，即平定天下、护佑四方。"但遗憾的是这段祝词并未被上天听取，周武王还是英年早逝。此时，旧殷势力正蠢蠢欲动，企图谋反。

《尚书·大诰》记载了周王对诸侯及官僚的训令。文中的

---

① 见《逸周书·五权解》。——原注
② 见参照《观堂集林（卷一）·洛诰解》。——原注

"周王"有说指周成王，有说指周公旦。我认为，"王若曰"是当时诏书的一种格式，实际上发布诏书的有可能是周公旦，但前述的践祚论、摄政论也有可能是穿凿附会。训令中提到，周成王年纪尚幼，还不能很好地治国理政，也还未开智，不能奉天承运，因此周国现在的处境很危险。在这种情况下，周公旦不得不继承天赐的刑罚大权，并奉先王所留龟甲卜辞代为管理国事。旧殷势力妄图复兴王朝，现在的周局势动荡，人心不稳。这时要想稳住局势可以说十分困难。因此，周公旦十分希望诸侯百官能齐心协力守住周的基业，他还借由龟甲占卜得来吉兆，并向众人强调此乃先王的意志。周公旦挑起大任并极力获取诸侯百官的支持，也代表了他的以武力镇压东部叛乱的决心。虽诸侯百官不喜征战，但周公旦力排众议并以一己之力负起全责。

说到东方叛乱，《史记》记载如下[①]：（一）周武王灭殷之后，其弟管叔鲜（周公旦之兄）受封于管（今河南郑州附近），周公旦之弟蔡叔度受封于蔡（今河南新蔡县），纣王之子武庚和禄父（本文中不为同一人）管理旧殷部族。而负责监管武庚和禄父的就是管叔鲜和蔡叔度；（二）管叔鲜和蔡叔度认为周公旦擅权对幼主周成王不利；（三）武庚和禄父企图复兴殷朝。基于这些原因，旧殷部族企图拉拢一部分周族于东方发动叛乱。《大

---

① 见《史记·周本纪》。——原注

周公旦

狩野山雪绘

诰》只明确记载了旧殷部族的叛乱，但没有记载管叔鲜、蔡叔度是否同流合污。甚至有人说霍叔处也加入了这次叛乱，是为"三监之乱"。据《孟子》记载[①]，管叔鲜确实参与了这场叛乱，而周族中只有管叔被卷入叛乱之中。但无论如何，主导叛乱的还是旧殷部族。周为了镇压这次叛乱，耗时三年之久。在今山东济宁附近出土的青铜器，其中有部分确定是周公旦远征时铸造的。小川茂树认为[②]，"大保簋"上所刻铭文"王伐录子圣"中被伐的就是纣王之子禄父，其封地位于梁山一带。这里的"梁山"就是后世称为"梁山泊"的地方，在巨野泽附近，非常适合兴建王都。"大保簋"以"大保"为名，"大保"是指召公奭，其功绩可比肩周公旦。由此可见，召公奭和周公旦便是此次远征的领军人物。通过研究青铜器铭文，我们可知，这次远征除山东一带外，远至今江苏徐州一带也彻底臣服周。关于《孟子·滕文公下》中记载的周公旦东征，解释众多，与事实最契合的解释如下：

> 伐奄三年讨其君，驱飞廉于海隅而戮之。灭国者五十。驱虎、豹、犀、象而远之，天下大悦。

---

① 见《孟子·公孙丑下》。——原注
② 见《关于殷末周初的东方经略》，载于《东方学报（京都）》第11册。——原注

"奄"也就是《诗经》中的"庸"，位于山东曲阜，是周公旦之子伯禽的封地鲁国的都城。所谓徐土一带，其中心地区就是"奄"。

　　在周公旦和召公奭的武力压制下，周终于平定了东方叛乱。学界普遍认同的善后之策如下：（一）赐周武王和周公旦之弟康叔封以卫（今河南温县），用以监视武庚所在的旧殷都城；赐周公旦之子伯禽以奄（又作匽、炎），用以监视禄父所在的山东一带。此二人治下还有许多小诸侯统领各地。（二）微子启统领殷族受封于宋（今河南商丘），殷的旧都中的其他子孙都被分封于各地。《左传》[①]记载，殷的豪族陶氏、施氏等七族归属于康叔封，殷民六族包括条氏、徐氏等归属于鲁国（奄）伯禽。（三）分封结束后开始营建洛邑，并于此地正式改元。命殷人参与都城建设，以宣告天下殷不会再复兴。（四）最终呈现太平盛世的景象。据《史记》记载[②]，在周成王和周康王治世的四十年间，一向以礼以德治天下，从未动用过刑罚。但我个人认为，将周成王在位的时期算作太平时期乃后世推论。

　　据小川茂树研究[③]，梁山出土的青铜器中有匽（燕）侯旨（召公奭之子）铸造的器物。该地区出土的青铜器向来被视作周

---

①　见《左传·定公四年》。——原注
②　见《史记·周本纪》。——原注
③　见《关于殷末周初的东方经略》。——原注

公旦和召公奭东征的证明，那么匽侯旨指的一定是受封于山东的召公奭的儿子旨。虽然此地日后封给了周公旦之子伯禽，但在此之前居于曲阜的应该是匽侯旨。后世流传的一则关于徐偃王的故事，讲的应该是召公奭的儿子旨的故事。那么根据这种说法，最先受封于鲁地的并不是伯禽。该地是周平定南方的重要根据地，但匽侯旨不善统治，该地再次发生叛乱。"罶卣"上有铭文记载"隹（唯）十又九年，王在所"。郭沫若认为此处"十又九年"应指周文王受命元年后第十九年，也就是成王六年。而依我拙见，这是指成王十九年。在周公旦、召公奭东征之后，周成王又进行了一次大规模的征伐。随"罶卣"一同出土的器物上，记载了周公旦为东征①派遣的三族及伯禽的名字。可知周成王亲征时，周公旦一族也随军出征。此战后，周成王改奄公为鲁公，并将封地鲁赐予周公旦之子伯禽。假设这个推论属实，那么可见周成王正式即位后依旧为平定东方付出了许多精力。

---

① 见《两周金文辞大系考释》"明公簋"。——原注

8

关于《康诰》《洛诰》《多方》

周公旦、召公奭齐心协力，终于平定了东方、南方的叛乱。此次平乱于周而言非常重要，在平乱之后，周必须仔细思考如何安置殷族及其下各族。为此，周做了两件事：其一，将周族旧臣分封至各地，统领部族；其二，营建洛邑。《尚书·康诰》记载了周公旦的弟弟康叔封受封于卫时，周公旦对他治理旧殷民众的一些训诫。通读《尚书》，我认为这篇文章的内容是极其优秀的。简单概括有如下主旨：（一）周文王能够以德治西土，天帝得知此事，于是降大任于其身，命其灭殷；周武王继承周文王的遗志并功成身退。如今你受封治理东土乃肩负重任。（二）百姓听说过周文王那些故事，希望你也能像他一样。如今你肩负治理旧殷民众的重任，同时也应效法帝乙以德服人，对待他们要推己及人。你要比上天还宽宏，让百姓体会到你的德政。无论何时你都要对得起周王室的信任。（三）不要总是依赖天罚的力量，你要学会体察民情。百姓一向难以治理，你唯有诚心诚意竭尽全力，切忌贪图安逸，才能使百姓安居乐业。同时你还要协助君王，奉上天的旨意改造旧殷民众。（四）你要谨慎行使刑罚权。即便是小罪，若非过失而是故意为之，那必须重罚甚至杀之；即便是大罪，若非惯犯而是偶然的过失，按律当罚但不必杀之。（五）切勿因你个人喜好行使生杀大权。（六）断案的时候，你要依殷的律法去审判。哪怕花上五天十天甚至三个月，你也要仔细思考犯人的供述，然后才能做决定。殷的法律能够适用时，该罚就罚，该杀就杀，不要被你个人的意志左右。如有作奸犯科、杀人越货者，必须死刑。（七）视父不慈、子不孝、兄不友、弟不恭为大恶。（八）一些诸侯国的庶子、训人、正人、小臣、诸节等官员甚至都不守国家律法，尽是些徇私枉法、沽名钓誉之辈，他们的存在危及国家和君主。身为一国之君，你有义务安抚百姓，不可向百姓施虐。你要懂得学习周文王施行德政，带领百姓过上幸福安康的生活。这些就是《康诰》的大致内容。文中描述周文王德行高尚，奉天命灭殷，并阐述了德刑有度、新民富民的治世真谛，以及死刑适用范围等内容，与后世一些一味重德治而轻刑罚的儒家思想有着本质的不同。

随着时间的推移，洛邑终于营建完毕。选址建设由召公奭负责，而周公旦则留守此地，负责经营东方事务。周公旦和周成王的对话记录在《尚书·洛诰》中，其内容与《尚书·康诰》所记大相径庭，重点在于礼制。《洛诰》中详细记述了周公旦和周成王之间的对话，着重表现了两人互相谦让的礼容和雅言，重点记录了洛邑建成的典礼。其中最值得注意的是关于祭祀周文王和周武王的记载：

> 戊辰，王在新邑，烝祭岁，文王骍牛一，武王骍牛一……王宾，杀禋咸格，王入太室，祼。

"王宾"指周文王和周武王的灵魂，"杀"指祭品，"禋"指柴燎。这句话是说，祭祀的时候首先点燃柴火，然后将祭品放在上面炙烤，祖先的灵魂便会降临，最后以"祼"来祭祀。"祼"指用黑黍和郁金酿的酒来祭祀①，也叫"祼尸"。后世认为，文武合祭意味着诸侯都认同了周天子的统治地位②。《尚书·洛诰》是以礼制为核心撰写的文章，也被视作周公旦重视礼制的本质体现。两篇诰文表明，虽然周继承了殷的治国之道、刑法和礼制，但认为不可过分依赖天意，而是重视以德治世。周文王、周武王时的旧都丰镐被称为宗周，与之相对的新建的洛邑被称为成周或者新邑。现存青铜器铭文中有许多"王在新邑"的表述。在新邑治新民是周的治国方针。因此，《尚书·康诰》中记

---

① 见《观堂集林（卷一）·与林浩卿博士论洛诰书》。——原注
② 见《观堂集林（卷一）·洛诰解》《尚书大传》。——原注

载，周鼓舞百姓振作精神；而《尚书·洛诰》则有言"乱为四方新辟，作周恭先"，意思就是，周公旦期望周成王能够成为治理四方的新君，能够成为受臣民万世景仰的君主。由此可见，周的目标是培养新民和新君。

最后值得注意的是《尚书·多方》。有说法认为，此篇的内容是洛邑建成后，周成王亲自昭告各部族首领的训词。但问题如下：

> 惟五月丁亥，王来自奄，至于宗周。

这一节的内容，一般认为是在讲周公旦随周成王一同远征东方与南方，凯旋后营建洛邑的同时，告知旧殷各首领殷已一蹶不振。但王肃认为[1]，这是周成王独自亲征东南后告知各首领的内容。据我前文关于"成王十九年"的论述来看，我认为周成王是独自亲征东南。《尚书·多方》记载的也是周成王东征凯旋后亲自对旧殷各部族首领发出的训诫，其内容有以下几点需要注意：（一）天命无常，唯有谨慎祭祀才是正道。（二）天命曾降大任于夏，但夏安于享乐，全然不顾百姓，没有遵循天道，导致民心背离。（三）夏刑罚无度，荒淫无道，任人唯贪，治国理政毫无章法，结果百姓也变得贪婪蛮横，最终夏走向灭亡。（四）于

---

[1] 见孔颖达等撰《尚书正义》"周公还政……"。——原注

是上帝降大任于商汤。在殷的领导下，各部族终于重获幸福生活。殷之所以能够承天命是因为明德慎罚。（五）而从纣王即位的那一刻起，殷人就无法继续奉行天命了。（六）现在我告诉你们这些殷人，不是上天要抛弃夏、殷，而是你们的君主和你们自己扰乱了天命，殷的灭亡你们也有责任。（七）我们必须重视祭祀一事。圣人不反思就会变成狂人，狂人学会反思就能变成圣人。上天曾经给了纣王五年的时间反省，让他听取民意，但他不听。（八）于是上天只得在四方君长中，重新物色能够奉行天命的人，最终选中了周。（九）你们应该诚心诚意引导你们的百姓走向富裕安乐，应助周一臂之力。你们只要安稳地待在封地治理领土，那就是报恩，那就是奉行天命。（十）如果你们还是惴惴不安，那就是因为你们的心还未完全归顺。（十一）如果你们还不安分守己顺应天命，那就是违背正道，我会训诫你们，并把你们都关进监狱，仔细调查你们的罪行。如此还是不肯听命于我，你们可能会有性命之忧。（十二）诸位归顺周为我效劳已有五年，无论大小官吏皆应遵纪守法，齐心协力谋求发展。诸位也为营建洛邑付出不少，那么就从现在开始去治理自己的土地吧。（十三）诸位啊，只要听命于我，必有享之不尽的福报；若不服从，只有无穷无尽的痛苦。本篇充分体现了明德慎刑的思想，中江丑吉认为这和《尚书·康诰》的主张有所关联。另外，此篇以史为鉴论证该思想的正确性也是其特点之一。虽不能明确夏朝是否真实存在过，但周将夏、殷的兴亡作为史实，并将其兴衰历史都告知各部族首领及手下官员，目的是为了加强对各首领的思想控制。周历经艰苦的革命，认识到王朝兴衰之无常及周所继承的大业。《尚书·盘庚》展现的是依靠宗教威严去管束各部落首领的态度。而与之相比，无论是《尚书·康诰》《尚书·多方》体现的明德慎刑的思想，还是《尚书·洛诰》体现的礼制思想，都有一个共同的特点，那就是比起天命更重视人事，在治国理政上强调以人为本。这不但体现了周对殷文化的继承，也展现出了周推陈出新的思想进步。

9

关于天帝的考察及宗教思想梗概

周成王死后，周康王即位。《尚书·顾命》和《尚书·康王之诰》中皆有关于王位继承的记载。王国维认为[1]，《尚书·顾命》尤其重要。"顾命"指"临终遗命"，该篇并未详细记载遗命内容，而是着重描述新王即位时，参与仪式的人物的行为、室内陈设、场景调度等。该篇是研究古代制度及文物的重要资料。关于具体内容，在此不作赘述，主要列举王国维的如下观点：

（一）周成王的临终遗言是对太保召公奭下达的命令，并未直接告知周康王。因为周康王作为嫡长子继承王位乃既定事实，但在周成王驾崩之前的这段时日里，天下不可能同时有两位君王，所以他不能直接告诉太子，只能先给太保召公奭下令。（二）即位大典上，太保、太宗、太史身着红色服饰列于阼阶之下，而新王和群臣身着其他样式的服饰列于宾阶之下。阼阶是主位。在典礼上，奉周成王遗命的太保、协助太保的太宗及捧着诏书的太史反而是主角。祭祀之时，"尸"象征着受祭之先王，是祭祀的主

---

① 见《观堂集林（卷一）·周书顾命考》。——原注

体。那么，奉临终遗命的太保召公奭此时就象征周成王，成了仪式的主角。"诏书"是一份竹简，上书周成王的训辞，其内容如下：

> 皇后凭玉几，道扬末命，命汝嗣训，临君周邦，率循大卞，燮和天下，用答扬文、武之光训。

"末命"的意思是"临终遗命"，"嗣训"是告诫新君必须要遵循诏书内容，"大卞"指大法。王国维认为，天子之位并不是直接由周成王传与周康王，在此之前曾由太保、太宗暂时代行君主的职能。所以他们才能列于主席，新王反而只能居于客席。这样的仪式可谓前无古人，后无来者。众所周知，《周礼》作为研究周朝礼制的文献极其权威，而与其记载的"六官"相比，《礼记》中的《曲礼》记载的制度恐怕要更加古老。《曲礼》认为，太保、太宗、太史皆为天官，与司徒、司寇等其他官职有着根本的区别。古时的天官负责沟通天地，在政治层面上，天官的存在更具备一种宗教性质。那么古代的天庭又是怎样的构成呢？

关于中国古代的天庭及天帝，马伯乐做了很多细致的研究[1]。首先关于天庭的构造，他认为：古代中国人将天地比作车盖，

---

① 马伯乐：《<书经>中的神话传说》（*Les Légendes mythologiques dans le Chou-king*），载于《亚洲学报》（*Journal Asiatique*），1924年。——原注

"地方"为其底，"天圆"为其盖，所以才会有"天覆地载"的说法。但支撑在天地之间的并非围在四周的墙壁，而是分布在四个角落的四根柱子，又叫"四维"。天有九重，谓之"九天"。每一重都由一道门隔开，并由天帝的守门人（帝阍）派虎豹镇守。九门中最低的门叫"阊阖门"，是隔开天地的大门。传说中，西风便是从这道门吹向地面，人想要升天，必须先通过这道门。天庭最高处为紫微宫，位于大熊星座的最高层。这里是天帝的居所，也是天帝君临天界和地界的地方。天界中，天帝主管亡灵。亡灵都还保持着为人时的阶级居于天界。紫微宫由天狼镇守，传说其目倒置，抓住往来之人后从不急于吃掉，而是将其头颅悬挂于戟进行游乐，玩腻了之后将之弃于深渊。由此看来，天界是一个由豺狼虎豹镇守的可怕世界。主宰天界的天帝也绝非心胸宽阔之人，他偶尔贪吃且喜欢恶作剧，一旦发现破坏天界秩序的人，就会对其处以极其严苛的刑罚。各类诗、书常把这样的天帝和王朝的兴衰紧密联系在一起。特别是周人，极其敬畏天命，期望得天命恩宠使王朝永存。奉天命为王的思想在中国已经根深蒂固。而我希望更进一步思考，天帝和王位之间的关系到底是如何成立的。

　　陈梦家在研究记载祭祀的卜辞时发现[①]，卜辞中提到了"天

---

① 　见《古文中的商周祭祀》，刊载于《燕京学报》第19期。——原注

帝"，另外也有"帝"出现。天帝的能力一般有以下几种：降
暵、赐雨、降咎、降祥、降疾。由此可见，作为天地的主宰者，
天帝负责降灾赐福。但天帝或者帝从未直接被当作祭祀的主体，
而是在一种特殊的仪式——寮祭中作为祭祀的对象存在。所谓寮
祭，就是点燃柴火，然后将作为祭品的肉放在上面炙烤，将散
发出的气味敬献给天上的神灵。该仪式的对象包括以下八种：
（一）王亥之前的殷朝先王，并且受寮祭所祭奠的先王同时也
是祈年、祈雨的对象；（二）土（社），同时也是祈年、祈雨的
对象；（三）日、月、风；（四）旬；（五）河，同时是沉埋仪
式的对象，人们也会向其祈年、祈雨；（六）岳；（七）东母、
西母；（八）蚰。以上八种中，以旬为祭祀对象最抽象。可以看
出，人们将自然本身及一些自然现象，当作天界的象征进行寮
祭，但奇妙的是殷的祖先也具备资格享受祭祀。不过，此处提到
的祖先是指商汤之前的王，或多或少带有神话色彩，基本也都存
在于传说中，其性质本身就十分特殊。在如今的研究中，关于殷
朝系谱中存在的各类人物的性质尚无定论。如果说玄冥就是禹或
者鲧，那他实际上是神话人物。其他还有王亥、相土等通晓万物
的英雄的传说流传至今。《左传》认为王亥就是四方神之一的蓐
收。如此看来，殷的祖先里有很多都具有神话色彩。马伯乐认

为[1]，中国神话里的人物原本都是侍奉天帝的各方神，下界之后必须要返回天庭。而东洋地区普遍比较认同下界拯救苍生之后却未返回天庭的天神下凡论。在了解中国神话之后会发现，在中国的年轻学者中[2]，天神下凡论也是最受欢迎的。但马伯乐也注意到，对于中国上古历史，天神下凡论只能说明一部分情况，想通过它直接构建神话体系是不可能的。我们首先要认识到，各种自然物及自然现象，和殷朝祖先中具有神话传说性质的那部分先公先王一起，都被当作寮祭的对象。

自然崇拜、神话崇拜或传说崇拜并行的现象被定义为多神教，我们很难在它们之间搭建一种逻辑关系。事实上，祭祀对象又多又杂，那么就必然衍生出严格对应每一种对象的不同仪式。可以说，殷代是一个宗教时代。只有所有的仪式都按规矩举行，才能平衡上界和下界的关系。卜辞中记载征伐时，常会采用一个术语，叫"上下弗若"[3]或"上下若"，就是说在面临征伐这样的重要场合时，人事和天命都很重要。这是一种重视天人关系的理念，而且卜辞中也明确记载了天帝或帝降灾于人间或赐福众生的内容。如此一来，天帝或帝哪怕不是祭祀的对象，也起到了构建所有祭祀内部逻辑的作用。殷人重视占卜之事，占卜也就意味

---

① 见《<书经>中的神话传说》。——原注
② 参照《古史辨》（第七册）及《古史研究》（第三集）。——原注
③ 陈梦家的主张。——原注

着预知未来，那么是谁来预知？应该是龟甲或者兽骨所蕴含的灵力
吧。这是一种神圣的力量，也就是中国所谓的神明之德。但这些预
知未来的神也只是预知，如果没有像天帝或帝那样降灾赐福的力
量，就无法维持天界和人界的秩序。所以这些神没有成为祭祀的对
象。关于天帝，殷人认为，只有通过不断地举行各种各样的祭祀仪
式，才能像天帝所期望的那样，维持住天界和人界的秩序。

《尚书·盘庚》明确记载了殷受天命的内容，这恐怕是为了
确立王权并使之合理化。殷族统领各部族，而这些部族又有着各
自不同的祭祀方式。盘庚就如同燃烧的大火一般气势汹涌，他手
握神圣的刑罚权，号令各方部落首领。这是一种天帝权威的转
移。同时，殷人重视宗庙祭祀，也就意味着他们很重视祖先崇
拜，那么他们自然会认为王的权威继承自祖先，也就是我们常说
的受命论。

然而，周取代殷成为新的王者。从《尚书·洛诰》中我们可
知，周文王、周武王都曾于明堂享受过寮祭；《尚书·顾命》中
也形容周成王的命令是神圣的命令。马伯乐认为[1]，"明堂"的
"明"、"顾命"的"命"和"盟刑"的"盟"都包含"神圣"
的意思。所以，周文王、周武王和周成王都是神圣的存在。《诗

---

① 马伯乐：《"明"的含义》（*Le Mot Ming*），载于《亚洲学报》（*Journal Asiatique*），1933年。——原注

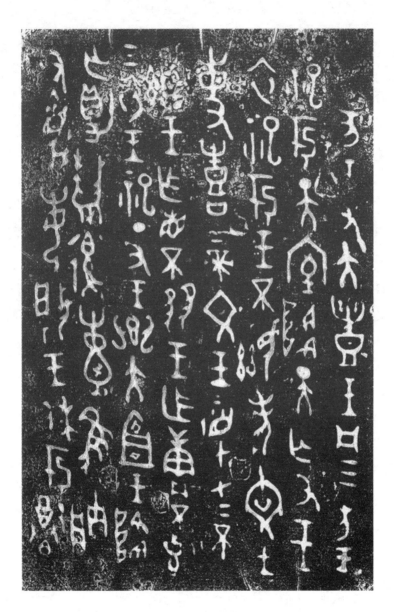

大丰簋铭文拓片

经》记载①，周文王升天之后随侍天帝左右；"大丰簋"也记载周人同时祭祀周文王和天帝。在周人看来，自己的祖先侍奉在天帝身旁，并且随时监视着子孙的一举一动。这一点体现在宗庙祭祀时，为象征祖先神灵的"尸"所致的嘏辞上。所以周人认为他们的王室被天帝赋予了无上的权威。但与此同时，周人革命经验丰富，所以他们总是告诫自己不要过于依赖天命。他们认为能够让周王朝的统治长盛不衰的唯一方法就是效仿周文王，遵守他留下的律法律令，也就是奉行德治。周的德治重视对人内心的反省，强调彻底彰显德行。这就体现出仪式的重要性了，所以西周又被称为最重仪式的时代。从宗教方面来看，像相信自然万物有灵、信奉神话传说中不可思议的力量这种朴素的信仰，到了周代是明显减弱的。《礼记》认为②，殷代是一个信奉鬼神的时代，而周代是一个重视人道的时代，同样证明了这一点。

---

① 见《大雅·文王》。——原注
② 见《礼记·表记》。——原注

10

西周的全盛期

出土的青铜器中有一物叫"小盂鼎"，郭沫若认为[1]它是周康王时期的器物，是为纪念远征匈奴而铸造的。该鼎铭文记载战利品有"馘四千八百，俘万三千八十一，车十两，牛三百五十，羊二十八"。前文我们提到，周成王曾亲征江淮一带夷族，那么如果周康王征伐匈奴之事属实，"成康时期乃太平盛世"就完全是儒者们的一种理想主义的说法了。但从仪式制度的完整程度来看，成康时期可以说为整个西周奠定了坚实的基础，而后才有了周昭王、周穆王时期西周的全盛景象。

《史记》等文献通常认为，自周昭王即位，周朝便逐渐走向衰退。但《管子》认为[2]，昭穆时期开始施行依法治国，舍弃了成康时期的消极政策，重新回归文武时期的积极政策。从制度建设方面来看，这属于重视法制一派的论点。那么，昭穆时期到底是怎样的时代呢？《楚辞·天问》中记载了关于周的传说，从周

---

① 见《两周金文辞大系考释》。——原注
② 见《管子·小匡》。——原注

武王伐纣开始，跳过成康时期，直接到了周昭王的事迹。《楚辞》的成书地在南方湖北一带，所以周昭王的故事应该在此地流传甚广。参见下面一句：

昭后成游，南土爰底。厥利惟何，逢彼白雉？

此句是说周昭王曾游历南方并得到了白雉。在《左传》及《竹书纪年》的记载中，"南土"位于汉水流域[①]。今出土青铜器"狀骏簋""过伯簋""□簋"上都有过南征楚荆或征伐叛荆等记载，所以容庚认为[②]，这些都是周昭王时期的青铜器。据《左传》及《史记》记载，当时未见周昭王自汉水边归来。但以随军将领一般会铸造器物来纪念战争胜利的习俗来看，周昭王在南征时应该取得了巨大胜利。郭沫若认为，传世至今的"宗周钟"乃周昭王时期的器物，其作用主要是将南征的赫赫战功上报给祖先。"宗周钟"的铭文采用了极其华丽的押韵体，不愧是西周全盛期时期的器物。

继周昭王之后即位的周穆王有许多与之相关的记载流传至今，一般主要说了两件事：其一，制定刑法；其二，周游天下。

---

① 　参照拙稿《周事杂识》，刊载于《汉学》第十卷。——原注
② 　见容庚所著《商周彝器通考》。——原注

宗周钟

第一件事记载于《史记·周本纪》，第二件事在《秦本纪》和《赵世家》中均有记载。《周本纪》记载，周穆王欲征伐犬戎之时，祭公谋父向周穆王进谏说，自大毕、伯士死后，犬戎一直尽责向周纳贡，周没道理去讨伐他们。但周穆王认为，等到犬戎真正发动叛乱之后再进行征讨，就为时已晚，且以此为理由执意西征，最终仅获战利品"四白狼、四白鹿"，并因此导致四方君长的不满，他们不再听命于周。于是，周不得不制定法律加以管束。这一段记载明显掺杂了后世的臆想。周穆王时期西征犬戎肯定是事实，至于重新修订律法一事，在《尚书·吕刑》一篇中虽有相关记载，但学界看法仍未达成一致，还有赖今后的研究。周穆王周游天下的故事，在《楚辞·天问》及《列子》中均有记载，尤以《穆天子传》最完整。《穆天子传》书于竹简之上，于西晋太康二年（公元281年）在今河南汲县从战国魏襄王的墓中被盗出。魏襄王死于公元前299年，所以该书是成书于此前的古书。它记录了穆王乘八骏马于六年间从西北及北方巡游至黄河流域的故事。关于此事，在东西方学界有两位学者的研究极具代表性，一位是埃玛纽埃尔-爱德华·沙畹[1]，另一位是小川琢治[2]。

---

① E.沙畹（E.Chavannes）：《司马迁的传体史》（第2卷）（*Les Memoires historiques de Se-ma Ts'ien,Tome II*）。——原注

② 参见《穆天子传考》，刊载于《狩野教授还历纪念·汉学论丛》。——原注

沙畹认为，《穆天子传》讲的不是周穆王的故事，如果的确是关于周穆王的事迹，《史记》一定会记录在《周本纪》里，但事实是记录在了《秦本纪》《赵世家》里，所以这个故事应该是流传在秦国、赵国的故事。秦、赵原本属于土耳其族，传说他们的国君就喜欢乘马四处游历，于是这个故事就作为春秋时期有名的秦穆公的故事，广泛流传于西北一带。撰者恐怕是弄混了"穆公"和"穆王"。周穆王时期，周的势力尚未覆盖到西北一带。但穆王周游的故事流传的地区不止西北，除了《史记》，在成书于南方的《楚辞》和成书于中原的《列子》中也出现过。所以到了战国时期，穆王周游的故事可能传遍了整个中国。那么，故事中所说的穆王游历过的地点具体在哪里呢？小川琢治认为，这个范围最远不会超过今新疆的焉耆和库车。那么问题是，当时周的势力范围是否远及库车一带。首先我认可《史记》中所记载的穆王远征犬戎为事实。犬戎的势力范围主要集中在陕西、甘肃的部分地区至新疆一带，所以穆王巡猎至此的难度也就和去一趟淮水流域或者长江流域差不多。周自开国以来就基本保持着和犬戎的争斗关系。周康王时期给予了犬戎致命的打击，那么到了周穆王时期，周自然就能够将西北一带纳入统治管理的范围中。

综上所述，我们可以确定昭穆时期乃周王朝统治的全盛时期。周穆王之后即位的是周恭王。在此期间铸造的器物有"颂鼎""师虎簋""吴彝""牧簋"等，其铭文无一例外都记载了王赐予大臣官职或各种物品。这些器物的铭文可以说最能体现周恭王时期的时代特点。在这个时期，谋得一官半职，侍奉于周王室是一种至高无上的荣誉，这也说明了王权的高度集中。铭文所采用的"策命"的记录方式也久久流传至后世。"策命"这种表现形式，应该与春秋时期的《左传》中所记载的策书是同一种。其中，"牧簋"的铭文尤其特殊，其内容①如下：

> 王若曰：牧，昔先王既令汝作辞（司）士，今余唯或（又）廞改，令汝辟百寮，有叵事包（苞），乃多乱，不用先王作型，亦多虐庶民，厥讯庶右（官名），嗇不型不中。

也就是说，在牧簋铸造的时期，天下稳定太平，官员中甚至出现了"苞"，即"贪污者"。因此，必须在先王所制定的律法的基础上新增管束官僚的纲纪。我们可以认为，从昭穆时期到周恭王时期是西周的全盛期。在这段时期内，周王朝的势力延伸至西北及南方，又计划以法制统一中部。

---

① 见《两周金文辞大系考释》。——原注

11

氏族制度和封建制度

中国古代存在氏、姓制度，具体情况不明。关于姓，王国维曾提出新的主张[1]，认为可以通过对史料记载的姓进行研究，继而去明确氏的源头。氏最早可追溯到周朝，殷朝不存在氏。比如，据甲骨文记载，某某夫人在死后只会被称为"先妣"，同夫君一起享受子孙的祭祀。而《诗经·大雅》中有数篇记载，自周太王至周成王，夫人必有姓。这对周来说具有极其重要的意义。在"太姜""太任""太姒""邑姜"中，"姜""任""姒"都是她们各自的姓。不仅如此，周朝器物上的铭文一定会清晰地记录姓，比如：

　　　　散伯作矢姬宝簋。
　　　　铸公作孟妊车母媵簠。

说的是，姬姓的散伯和任姓的铸（祝）公为嫁女于矢国和车

————————
[1]　见《观堂集林（卷十）·殷周制度论》。——原注

国而特地铸造了簋和簠作为陪嫁的礼器。在这种情况下，姓是出嫁女子血统的证明。周朝十分重视婚姻关系，认为姓具有十分重要的社会意义。《国语》中常有记载①通过联姻而使国力强盛或因拒绝联姻而使国家灭亡的例子。比如，任姓的挚国、畴国，妫姓的缯（鄫）国、杞国，姜姓的齐、许、申、吕等国都通过和周王室缔结姻亲关系而繁荣昌盛。陈国则是通过迎娶周武王长女大姬而迅速发展壮大。与之相反，未能正确联姻而导致部族灭亡的例子数不胜数，其中一部分部族灭亡的具体原因尚不明晰，但大致可总结为以下两种：（一）滨姓，即同姓结婚。周时期普遍将"同姓不娶"作为婚姻法则；（二）和蛮族通婚。由此可见，周朝的姓是为了划定贵族之间能够通婚的范围，并以此维持阶级秩序、部族发展。

在周朝，婚姻关系得到重视，那么女子出嫁之后的地位也有着特殊的性质。《仪礼》记载②，与父子、兄弟相同，夫妻乃为一体，是合二为一的胖合关系。"胖"同"半"，夫与妻各自为这个整体中的一半。规定夫妻③之间无须多礼，无上下尊卑之分，是完全平等的关系。女子出嫁时会携带宗庙祭器作为媵（陪嫁）器，因此出嫁后又被称为宗妇，在宗庙祭祀中担任重要角

---

① 见《国语·郑语》。——原注
② 见《仪礼·丧服》。——原注
③ 参照皮锡瑞所著《仪礼通论》。——原注

色。根据《诗经》记载，我们可以推测，古时候女子离开生养自己的家，远嫁别家是极其悲惨的事，所以出嫁时是不奏乐的。不仅如此，出嫁后如果丈夫宠爱其他女子，妻子甚至会渴望回娘家。有注释者在《小雅·黄鸟》及《小雅·我行其野》中均发现有厌弃夫家、期望回归旧邦的描写。《小雅·黄鸟》三章的结尾分别为"归复我邦族""归复我诸兄""归复我诸父"。关于这一点，中国学者认为，以前的妇人有归宗的义务。所谓归宗①是指，父母亡时出嫁妇人回自己家，这在某种程度上合情合理。《仪礼》规定，妇人会为其公婆服丧一年，也会为其父母服丧一年。于是，后世学者在阐释"九族"的概念时，规定九族包括父族四、母族三、妻族二。所以同族中也会存在异姓的情况。另外，"兄弟"一词是否只指同胞兄弟这一点，中国学界也尚未明确。《诗经·伐木》记载：

> 伐木于阪，酾酒有衍。笾豆有践，兄弟无远。民之失德，乾糇以愆。

郑玄认为，这里的"兄弟"就包含了异姓兄弟。郑玄一向主张九族是对同一血脉最严格的规定，绝不允许异姓混入其中。但

---

① 参照陈奂所著《诗毛氏传疏》。——原注

他在解析这首诗的时候，认为此处"兄弟"有包含异姓兄弟的可能。《诗经》所记录的燕会之事，通常被认为是同族夜饮，但很多时候不得不承认这些活动中有异姓人士参与。毋庸置疑的是，至少在西周时期，姓在社会构成上占据重要地位。

《左传》记载，"男女同姓，其生不蕃"①，"内官不及同姓，其生不殖"②。自古以来，人们认为周之所以践行"同姓不婚"原则，是考虑到了子孙繁殖的问题。关于姓氏的起源，《左传》记载：

> 因生以赐姓，胙之土而命之氏。

后世史学家假设姓和氏都是由天子所赐。关于因生赐姓的具体含义，《左传》的注释者杜预认为，是指以祖先生活的地方赐姓。比如，舜居于妫水之滨，所以赐姓妫。我认为这一论点应该是借鉴了《国语》的记载。《国语》③中提到姬、姜两姓的起源，说黄帝生长于姬水，炎帝生长于姜水，因不同德而互相争斗。不同姓则不同德，不同德则不同类，不同类则关系虽近，男女亦可婚嫁和孕育后代；同姓则同德，同德则同心，

---

① 见《左传·僖公二十三年》。——原注
② 见《左传·昭公元年》。——原注
③ 见《国语·晋语》。——原注

同心则同志，同志则关系虽远，男女亦不可婚嫁，不然就是亵渎了恭敬之情。杜预认为"生长于姬水"就是"居于姬水"的意思。我们尚不能确定其解析是否正确，也未知姬水和姜水到底位于何处。我在通读《国语》后才有了一些头绪。文中说不同德则不同类，所以姬、姜两姓虽互相争斗，却可以缔结姻亲、繁育后代。姬水和姜水的水性不同也能够证明这一点。虽不知姬水和姜水流向何处，但我认为探究这一点怕是会徒劳无功。水即水母，是母性的象征。在周的传统观念中，后稷被视作周人鼻祖，是大母姜嫄感召天意所生之子。姜嫄也一直受周人祭祀。最近中国学界认为，姜属于后世藏系的羌族。但周族，也就是姬族，与姜族融合的地点在有邰，也就是今陕西武功县，随后在此处开启了农耕生活。所以姜姓一族绝非羌族那样纯粹的游牧民族。如此一来，姬姓部族的来源也无法确定了。《国语》将姬、姜二姓的起源作为姓的起源来阐述，认为姓的观念始于周朝。如果说我们可以基于水的母性去理解姓，也就表明姓的概念中必然留存有古代母系制度的痕迹。周天子可娶九女，意思是说在婚姻关系中，异姓部族可将自己的长女、次女或者同辈的女性一齐嫁与周王室。这一制度是否得到了严格执行还不清楚，但在一般情况下，如果正室无子，那么从嫁的共事一夫的妹妹或者侄女作为媵妾所生的孩子将继承家业。所以娶九女的说法应该是当时社会默认的一种婚姻方式。马赛勒·葛兰言认为[1]，这种制度是一种从母系制度过渡到父系制度的中间状态。也正是因此，《诗经》所描述的婚姻对于女性来说可谓一大惨事。姓得到周王室的重视。一般而言，姓随女子，氏则为部族首领所统治的国土或邑土的名称。王国维在研究古文物时注意到[2]，"鬲从"又写作"鬲攸从"，是因为名叫"从"的人曾统治名为"鬲"的邑土，随后又统治了"攸"。另外，统领"州来"的吴国"季札"后来又被赐封"延"，于是称"延州来季"；山西的"士会"因其封地又被称为"范氏"，也称"荀氏"。所以才说在周朝，姓随女子，氏随邑土。那么，周朝以前的姓又是怎样一种情况呢？关于这一点，我们需要注意姓的其他用法。《尚书·尧典》和《尚书·吕刑》中出现的"百姓"一词，一般被认为是指百官。在《尚书·盘庚》中，百官是指在位大臣。中江丑吉认为[3]，这里的在位大臣指的是部族首领，所以"百姓"既指在位大臣，也指部族首领。卜辞中用到"多生""多子"的表达，吕振羽认为[4]，其中"多子"是指为官的子孙，也就是贵族；而"多

---

[1]　马赛勒·葛兰言：《中国封建时期的媵嫁制度和续娶妻妹传统》，1920年，巴黎。——原注

[2]　见《观堂古金文考释五种》。——原注

[3]　中江丑吉所著《关于<尚书·盘庚>篇》。——原注

[4]　见吕振羽所著《殷周时代的中国社会》。——原注

生"是指自由民，也就是万民。但我认为"多子"应该是指殷族首领，而"多生"是指贵族阶级，也就是部族中的掌权者。如果将"多生"等同于"百官"，那么姓和氏之间是否还存在区别呢？《国语》中列举出黄帝之子十二姓，其中将"董"作为姓，但它在别处又将之记为氏。另外还有自古以来被认为是姓的"任"，在《左传》中却被认为源于"风"姓。"姒"一直作为夏朝的国姓存在，《左传》却认为它不是姓而是邑土的名字，是治理了汾水的台骀①的后代沈、黄、蓐、姒四古国之一。姒姓与周王室有姻亲关系。我认为，姒一开始指的应该是邑土首领所属氏族的名字，后来随着时间的推移，这位首领死亡，于是这片邑土的名字就成了其他部族的氏；又或者这位首领带领部族迁徙到其他邑土，并以新的邑土之名作为自己部族的氏。也就是说，在殷朝，邑土之名与部族之氏之间的关系是非常混乱的。其中一部分贵族继承了相同的血脉，有着相同的祖先，他们因相同的姓聚集在一起，形成了一种部族意识。而周朝明确了姓的概念，并由此筛选了一部分贵族阶级，用以维持统治。当然，这一切并不是刻意为之，而是自然而然发展的结果。《左传》中记载的"太皞之虚""少皞之后""颛顼之虚"等都是指自古以来传承下来的某部族的领地。奉太皞、少

---

① 见《左传·昭公元年》。——原注

皞、颛顼为祖先的国一直到春秋时期都还存在，但他们未必拥有同一个姓。我们并不清楚周朝的姓是如何得来的，只知道同姓的氏族必然同血统。秦、赵为嬴姓，山东以南的郯国也是嬴姓，但我认为不能就此得出结论说秦、赵和郯源自同一个部族。姓被严格区分始于西周时期，而春秋中期才开始崭露头角的秦、赵恐怕是为了表明自己出身于古老部族，才给自己附上了姓。同血统的部族群体拥有同一个祭祀对象。以此为基础探究中国古代部族的人种问题，在目前中国年轻学者中是热门课题。此研究也有了一定的成果，但我认为还不能作为结论采用。

姓、氏的制度是社会构成层面的问题，封建制则是周朝统一领土的政治层面的问题。周灭殷之后，派遣自己的族人或前代旧臣去往各重要地点治理当地。想必周一开始并没有制定相关治理政策，应该是随着时间的推移逐渐确立了制度。《左传》中比较详细地记载了周朝初期的封建制，但我认为其中不乏后世添油加醋的说法，所以很难直接用以研究周初制度问题。我认为，最得要领的是富辰关于封建的概念的阐述[①]，其内容如下：（一）在夏殷衰乱的年代，天下纷争不断（见杜预《春秋左氏经传集解》），于是周天子广封亲戚以作周王室之屏障。亲戚即与周天子同姓者。（二）周厉王时，周德已衰，于是召穆公（名虎）集

① 见《左传·僖公二十四年》。——原注

结宗族到成周，并作《小雅·常棣》一诗。（三）周崇尚德行，周天子将其兄弟派往封地。由此可见，周朝的封建制是将同族封于四方，以此为主体，构建一定的秩序。《诗经·大雅·板》中有言"宗子维城，无俾城坏"，正是指这样的制度。而这只是阐述了周朝封建制的核心要素，并不意味着排斥他姓。比如，殷周之战爆发之前就存在的焦（河南陈州）、祝（山东南部）、陈（河南陈州）等国，在殷灭后依然独立。殷灭亡后，其所在地被封为宋国，依旧保留着殷的祭祀传统。再比如，吕尚作为异姓（姜）受封东海；"甥舅之国"（与周王室联姻的异姓诸侯国）存在于中原各处，都能够保留自己的姓，并受到周王室的优待。同姓的联合谓之亲亲主义，异姓的结合谓之尊贤主义，两者相辅相成方能维持天下秩序，这就是封建制的理论。认可异姓的存在，同时与同姓紧密联合在一起。富辰认为《小雅·常棣》最能说明这一点。其中，"兄弟阋于墙，外御其侮"常被引用，其原因在于：

　　死丧之威，兄弟孔怀。原隰裒矣，兄弟求矣。

　　马瑞辰指出[1]，"威"即"畏"。《礼记·檀弓》记载，死

---

[1] 见《毛诗传笺通释》。——原注

而不吊者有三：畏、压、溺。其中，"畏"指为兵器所杀者，和压死、溺死一样，皆不能被凭吊。只有兄弟手足会聚集于原隰之地进行吊唁。至亲之间在危难之中彼此救助确实是人之常情，为了推崇这种理念，所以才有了夜燕之礼；"九族"的范围也变成了排斥异姓，仅限定在同姓九世族人之内。周朝的家族制度——宗法制的构成原理正是以同姓联合为目的的亲亲主义。然而，要彻底理解封建制，我们还需了解作为其经济基础的封土。

关于封建制中的经济要素，我还未仔细读过年轻学者们的研究成果。在此我尽量严谨地阐述我个人的想法。

第一，封建制中关于经济要素的逻辑。《左传》有文[①]："天子经略，诸侯正封，古之制也。"天子统御四海，将一部分疆土委任给诸侯统治。在支配土地、统治万民方面，王的权力是绝对的，所以才有《诗经》中的这句："普天之下，莫非王土；率土之滨，莫非王臣。"对于奉天帝之命代掌其权威的王来说，这是理所当然的。然而，事实上各部族都是独立存在的。马伯乐认为，侍奉天帝的不止王的祖先，也有各部族首领的祖先，他们死后升天，仍遵照以往的阶级地位构成了天庭的秩序。在这层意义上，诸侯也是秩序的构建者，被王赐封于各地，分担了一部分政治权力。这些诸侯在社会性层面大致分为同姓、异姓两类。周

---

① 见《左传·昭公七年》。——原注

朝封建制真正的目的在于通过联结同姓维持稳定秩序，并在此基础上承认各异姓的独立性，且与其通婚，约定好互不侵犯，保持和平的交际。这就是封建制下，"疆土"所包含的意义。

第二，上述由王分配给各诸侯土地的制度是否就是周朝初期的封建制？《左传》中有文[①]："封畛土略，自武父以南及圃田之北境。"明确记载了康叔受封于卫。除此之外，还记录了齐太公由执政的召公奭赐封于山东地区，并得到周王室的认可。因此，分域授封应该是始于周朝初期。但我对《左传》的记载深表怀疑。《左传》记载康叔受封情况的同时，也记载了伯禽的受封情况，但封给伯禽的只是附庸小国。《尚书·肸誓》通常被认为是伯禽征讨徐夷时的军令，篇中提到伯禽命鲁地郊遂之民备好马匹粮草和筑垒的器具。在《周礼》的记载中，"郊遂"是指城郭外百里之地。这应该是后世的解释，我认为它其实是指以城郭为中心的一片区域。生活在城郭周边的黎民，在国君出兵征讨时，被下令准备好军粮及武器。《国语》记载，管仲提出"参国伍鄙"制[②]，于是士全部居住于城郭内。士也就是武士阶层，指的是在施行车战法的年代，立于战车之上或围绕战车奋勇杀敌的将士们；武士阶层之上是各诸侯，而通过缴纳租税为各诸侯负担起

---

① 见《左传·定公四年》。——原注
② 参照《国语·齐语》，以及刊于《羽田博士还历纪念论文集》的拙稿。——原注

军赋的就是郊遂的黎民们。郊遂之民的性质，在记载周宣王将谢邑赐封申伯的两篇诗歌中均有所体现。申伯受封之时，周王室派遣大臣前往封地，修筑城池、开垦农田，随后受封者会乘坐车马并由官员随行赴任。其中，修筑城池和开垦农田是重中之重，农田要开垦到"原隰既平，泉流既清"的程度。从文章内容来看，开垦农田基本要做到划定耕地范围，并按照一定规格隔开，确保谷物能够正常耕种。所以诗中描写分封之际，封地修建新城、引进新民、迎来新的诸侯。与描写周太王开拓周原的诗歌对照来看，二者都是讲开辟耕地、修筑城郭、经营农田。其中，周原的开拓使周最终成为天下霸主，而申伯只是作为诸侯受封于谢邑，二者在这一点上截然不同，但在筑新城、辟新田、拓新民等实业方面是一致的。分封立国时，这些举措都是理想状态。我们无法断言它们都能实现，只能说是尽量去完成。占领其他部族的土地后，派遣诸侯前去管理，在这种情况下，城郭周围的黎民仍然是前部族的旧民，土地基本已经被他们占有。这时计划重新整顿土地、重新分田是不可能的。城郭内的士及郊遂之民共同构成了封建制的基本要素。从形式上来说，君侯依赖郊遂之民供养城郭。

封建制随历史发展不断改变其形态，其政治性和经济性两方面不断相互影响，使其变得更加复杂。"散氏盘"铭文记载，一旦有受天子分封的诸侯出现，那么曾经独立统领当地的部族

散氏盘的铭文拓本

首领将转变为下属，他所拥有的田地将被重新整理并确定疆土
界限。根据邑土来划分地域，地域观念由此形成。同时，诸侯
和邑土的部族首领之间产生服从关系，土地问题也随之变得复
杂。诸侯往往会将郊遂之民私有化，协助诸侯的同姓或异姓的
各部族首领们也会受封采邑。土地方面的利害关系就会渐渐变
得复杂，最终必然导致封建制的崩塌。在周朝，封建制往往是
伴随着家族制而存在的。

获赐土地的各诸侯一般会将此地的始封者作为家族祖先进行
祭祀，并设立新的宗庙，他会脱离曾经所属的部族。持有农田的
农民们会拥立武士阶层，形成新的团体。该团体本着"五世亲
尽"的原则，五世之后其子孙应该离开本宗另立门户。最初受
封的本宗称为大宗，要尽到永久庇护全族的义务。五世后称为
小宗，小宗彼此分属不同家族，但都服从于大宗。这就是宗法
制度。由于该制度的存在，不断有新的氏族形成。并不是所有的
新氏族都会被赐封土地，大部分都是承袭采邑。土地作为经济要
素，与之相连的氏族制与以前的氏族制截然不同，我们称之为封
建氏族制。封建贵族随之形成。由土地联系在一起的封建贵族之
间的利益冲突日益尖锐，农民也成了压榨的对象。

从某传世古器的铭文可以得知，农民往往和土地一样，是转
赠的对象。有学者认为，当时的农民并不被承认人格，而是作为

农奴存在。此处农奴的定义尚不明确，但在《诗经》中有多篇诗歌表达了王、诸侯和农民之间和谐的关系。《小雅·甫田》记载曾孙（农夫对周王的爱称）来访时，他的妻儿为辛勤劳作的农民带来美味的饭菜以慰劳他们。田畯（农官）也带来了酒食。曾孙屏退左右，和大家一起享用美食。庄稼长势可喜，都盖过了田垄，今年肯定会大丰收。曾孙心情大好，即使农民有失礼之处也不怪罪，而是夸奖他们的勤劳。另外，《孟子》和《吕氏春秋》中均引用了《小雅·大田》中的句子"有渰萋萋，兴雨祈祈。雨我公田，遂及我私"。①《小雅·信南山》描述庄稼茂盛，子孙将其制成酒食用于尸与宾。这两篇都表达了农民朴实的愿望。关于公田和私田，自古以来便有种种解释。依我拙见，公田就是指籍田，但我无法断言公田就是指祭祀用田。"籍田"是农民耕种的公田，一般来说，耕种公田不太会成为农民的负担。孟子认为，除公田外，农民在耕种私田时，可能还缴纳了什一税。

由二十五家形成的聚落——里或里邑中，会存在占有私田的农民。二十五家信奉土地神，居住地外围为堡，春夏于田野间耕种，秋冬居家为来年夏季的耕种做准备。《豳风·七月》中记载，春季时，农民一齐将耒耜用力踩进土里耕种，冬季用茅草和绳子修缮房屋，然后静静等着来年耕种的季节到来。另外，春季

---

① 见《孟子·滕文公》《吕氏春秋·务本》。——原注

时，妇女们不仅会为男子送饭，也会采摘桑叶，到了冬季就和《汉书·食货志》所记载的一样，一起待在家里纺织。在农业技术方面，《周礼》中记载了沟洫法和潴法。《周礼》中还记载了比闾法，此法用以维持聚落形态，充分考虑到了新加入聚落内的想要分担农耕任务的人，以及离开聚落在他乡谋生的人的情况。一般标准是一家五口，耕种田地为百亩。这样的聚落基本可以说是一个小型社会，无法再容纳更多人口。郭沫若对金石文的研究结果表明，比起土地，西周时期的掌权者们更想要农民，最开心的莫过于庄稼成熟。但这绝不是正当需求。开发新田、提高农民的生产力是统治阶级的使命，所以君主就更应该保障农民的基本利益。随着诸侯领地界限愈加分明，国与国之间的斗争也愈加激烈，那么在军事上和经济上附加在农民身上的负担就越重。与之相应，君主和诸侯也会更关注黎民百姓的需求。尤其是天灾频繁的中原北部地区，农民是否团结，掌权者是否充分履行了惜民惜农的义务，与其自身的利益息息相关。春秋时期，齐桓公与诸侯缔结盟约时规定[①]，不可禁止粮食的买卖，原因就在于此。农业的发展和生产力的提高也促进了工、商业的发达，最终开启了一个全新的时代。

---

① 见《孟子·告子》。——原注

西周动荡期及衰退期

12

西周的动荡期

西周发展至周懿王、周孝王、周夷王、周厉王时期面临内忧外患，社会整体进入了动荡期。《史记》将这四代的内容大致记录为：（一）王位继承未按照规定进行。周懿王之后即位的是其叔父周孝王（周恭王的弟弟），周孝王之后即位的是周懿王之子周夷王。周懿王之后周孝王即位的原因尚不明确，《史记》中关于此事的记载中出现"诸侯复立懿王太子燮"一句，说明诸侯曾干涉王位继承，这意味着诸侯的话语权不断扩大。（二）周厉王时期，周王室经历大难，即周厉王被国人驱逐于彘（山西霍县），开启了"共和时代"。（三）周朝整体逐渐步入动荡期，司马迁于《史记》中明确了纪年，称为共和元年。在史学方面，此举标志着中国历史正式步入正轨，有了确切的年代顺序，并延续至今。但同时也意味着诸侯国有了明确的历史记载，说明周王室的权力已逐渐被瓦解。

接下来就以具体事例，对该时期周王朝逐渐分崩离析的情况进行说明。"散氏盘"为周厉王时期器物，根据其铭文记载，我们可以看出周王室的统治力即便是在其大本营陕西地区，也没能逃脱逐渐衰微的命运。"散氏盘"上记载的是散氏和矢人之间关于土地转让的文书[①]。文书中提及的"眉"和"井"是两块土地的名称，因种种原因，它们成为散氏的土地。"眉"同"微"一样，原本是周武王灭殷之时跟随东征的部族，后来，部族离散，其土地逐渐为散氏所有。"井"常出现在各种青铜器铭文中，曾经应该是一个很强大的氏族，当时该氏族的土地也为散氏所有。矢人一方的代表人物是"豆人虞丂"，"虞"指掌管山泽的官员，"豆"也常出现在周初期青铜器铭文中。"豆人"作为周朝的虞官非常出名，在这篇文书中指的是矢人首领的属下。散氏居于今大散关附近，矢人居于盩厔县[②]，眉位于眉县。居于陕西渭水流域的曾被周初期王室所承认的各部族，逐渐被散和矢两大族兼并了。另外我们要尤其注意，矢人首领在此文书中自称为王。一般来说，周朝的地方诸侯是不会称王的，但在很多青铜器铭文中常见诸侯称王。王国维认为，这应该是由于蛮族频繁入侵，导致诸侯国局势不稳，才不得已而为之。同周宣王时期的一些史实对照来看，当时活跃于渭水北岸一带的犬戎，即匈奴族，极其嚣张。

① 见《观堂古金文考释五种》。——原注
② 即陕西周至县。——译者注

综上所述，周王室渐渐丧失统治力。处在这样的乱世中，人心也会不安，这一点充分体现在诗歌里。一直以来，诗歌和音乐及仪式都是一体的，而社会进入动荡期后，诗歌开始直白地表达人的情感。《史记》记载[①]，周懿王时期，周王朝走向衰落，诗人们受到刺激，纷纷通过作品讽刺时事、表达不满。《史记》中提到的讽刺诗有《诗经·小雅·采薇》及《诗经·唐风·杕杜》两篇。这两篇诗歌都诉说了驻防边境的将士们的痛苦。尤其是《小雅·采薇》一篇描述了防守猃（玁）狁（匈奴族）的情景，其大意为：我在薇菜才刚冒出新芽的时候就当了兵，一年又一年过去了，也不知何时能回家。我不得不舍弃家庭、放弃快乐的生活，这全都怪猃狁。将军乘坐的车驾就像常棣之花一样华美，四匹战马已经拴在了兵车上。马儿躁动着早已迫不及待要出征。一个月就赢它个三回吧！当初离开家时杨柳依依，现在来到此地已经大雪纷飞。行军太苦了，又饥又渴，我这满心的伤悲又与谁说。这首诗中的"王事靡盬"，充分表达了对将领的信赖、对胜利的渴望，诗中并不只有哀怨之情，还抒发了对家庭快乐生活的憧憬。从驻防将士表达出的这种对于局势动乱的不安可以看出，这是西周在刚步入动荡期时的作品。

　　周懿王时期王权衰退并不是指周天子个人的权力减弱，而是

---

① 见《史记·周本纪》。——原注

指周作为天下之宗逐渐丧失其统治力。周夷王的故事就能够证明周天子本身对诸侯依然有着很强的威慑力。《左传》记载[1]，周夷王患病时，天下诸侯都向山神祈祷王的康复。《竹书纪年》记载[2]，周夷王在诸侯觐见的时候，烹杀了齐哀公。由此我们能够看出，诸侯必须仰人鼻息，一切都要看周天子的脸色行事。周王室对内的统治力尚且不减，但此时已有南、北方蛮族不断向周王室施加压力。比如，"不娶簋"记载了[3]噩侯不娶在洛水高地迎战入侵西俞的狁狁并将其击退。王国维认为，西俞即位于今陕西、甘肃边境的地名，匈奴从此地突破，出现在洛水附近，威胁到周王室的统治。"敔簋"记载了南淮夷一路入侵，深入腹地，周天子派军队于陕西商县一带的上洛、恩谷进行阻击。郭沫若认为这两件器物均为周夷王时期铸造，可见这时蛮族就已经进犯至西周的根据地渭水一带了。接着，周厉王即位后遭国人反叛，被驱逐于彘。《左传》记载[4]，此次败走完全是因为周厉王自身的残暴。由于周天子出逃，诸侯都丢下封地事务，不司其职，全部跑到都城来插手天下政事。因此，《左传》的著者认为，西周的封建制出现动摇时，诸侯会一齐支援周王室。无论如何也不可否

---

① 见《左传·昭公二十六年》。——原注
② 见《竹书纪年·夷王三年》。——原注
③ 见《两周金文辞大系考释》。——原注
④ 见《左传·昭公二十六年》。——原注

认的是，在这一阶段诸侯开始涉足天下政事。此阶段又称"共和行政"时期。关于"共和"的含义，司马迁认为是指周公旦和召公奭共同摄政；而本文中采用《竹书纪年》的看法[1]，认为是指以共伯和为中心号令诸侯。正如《左传》所言，这时许多诸侯纷纷涉足周王室和天下的政事，而其中起决定性作用的是共伯和。内政混乱再加上蛮夷进犯，不难想象当时生活在水深火热之中的黎民百姓有多么不安。《诗经·大雅·桑柔》就充分体现了这一点，其大意如下：柔嫩的桑叶曾经是多么茂密，聚成浓浓树荫。不知何时它的叶子被摘取，变得越来越稀疏。再想想我自己，真是满心忧愁无处排解。这世间何曾如此乱过，兵车四处奔走，战旗随风翻飞，战争何时能结束？我们已经失去太多人口，如今国运维艰，百姓又怎能安心待在家里，那么又该去哪里？东奔西走，发现到处都在被蛮族侵略。王又在做什么？国家如今支离破碎，王一定要改正自己的做法。但这样的忠言，王根本听不进去。这样下去大家会一起走向灭亡。迎着强风就难以呼吸。如果百姓不再信任王，又有谁会去辛勤耕作呢？正是我们勤劳的百姓养活了王。如今天降灾祸，种子越来越少，害虫还要来啃食庄稼的根茎，所见都是枯死的秸秆。悲伤的百姓流离失所，用尽全身的力气埋怨天意，他们只想要一个仁爱的王。明明遵守旧制就

---

① 据郭沫若考证。——原注

行，却总有一些人自作聪明、居心叵测，所以百姓才会癫狂。最应该警惕的就是王身边的败类。然而，王听信谗言，对古训完全置之不理。此等违背仁德的行为就会招致这样的下场。

《国语》中记述了周厉王不听忠言的故事，《大雅·桑柔》一诗正表达了周厉王时期百姓生于乱世的无奈之情。

13

宣王中兴

共和时期之后即位的周宣王，通常情况下被认为是一位明君，但《国语》等文献中也常提到他是一位暴君。崔述认为[①]该观点是合理的，就像梁武帝、唐玄宗一样，最初也是贤明君主，之后渐渐变成了独裁的专政者。我认为这样的说明还是略显单薄。研究宣王中兴这段历史时，学者常选用《诗经》作为参考文献，但《诗经》中其实也有许多自相矛盾的地方。比如辅佐周宣王完成中兴大业的尹吉甫和太师皇父，有的篇章中大肆赞美其丰功伟业，而有的篇章却说他们是误国奸佞。有注释者认为，宣王时期的尹氏和皇父跟下一个时期的尹氏和皇父不是指同一个人，又因当时官职世袭之风盛行，所以可能是父子或者其他关系较亲近的人。我们很难想象，周宣王时期的大功臣之子到了下一个时期就变成了危害王朝的败类。不过，就如周宣王本身是明君，其子周幽王却是让西周走向毁灭的元凶一样，所谓宣王中兴，不过是昙花一现，西周最终还是难逃灭亡的命运。到了周幽王这一

① 　见《丰镐考信录》。——原注

代，西周最终灭亡，于是太子东迁洛邑，新朝史称东周。其后很长的一段时间里，东周被各诸侯国仰为共主。《竹书纪年》中，在西周灭亡之后，直接改为记载其他诸侯国的历史，并将年代延续了下去。位于陕西的秦国，亦是从共和时期开始就有了自己的年代史。^①《春秋》作为鲁国国史，在周王室东迁五十年后从鲁隐公时期开始记载。从共和时代开始，原本神圣的周纪年便可由各诸侯随意书写，历史正朝着王权分离的方向不断前进。那么宣王中兴究竟是什么？首先，便是充分备战以应对来自西北蛮族的压制。针对匈奴的入侵，周宣王派尹吉甫、南仲等名将带兵前去迎击并取得大胜。具体内容可参考《小雅·六月》，其大意如下：第一章，六月突然接到出征的命令，战车和战马都已备好。因为狎狁攻势猛烈，所以王要求我们立刻迎战，救国于危难之中。第四章，愚蠢的狎狁驻军于焦获，准备攻打镐、方，不久就要打到泾阳了。我军扬起织有凤鸟图案的旗帜，十乘战车冲锋陷阵。第五章，我军的战车没有丝毫损坏，战马冷静沉着又充满勇气。我们已经击退狎狁，进军至太原。文武双全的将军尹吉甫实在是万民敬仰的大将。

该诗叙事鲜明，马伯乐认为它是歌颂周宣王的诗歌，但我认为说它是歌颂尹吉甫的诗歌恐怕更为恰当，所以它才会被编入

---

① 见《史记·秦本纪》。——原注

《小雅》。再仔细分析诗歌内容，会发现它虽然大肆赞美了尹吉甫的功劳，但从诗中出现的焦获、镐、方、泾阳等地名就可以判断，这场战争很难说是大获全胜。焦获[①]曾是陕西地区的一片沼泽地，如今是三原县所在的渭水北岸的高地。泾阳位于泾水下游，匈奴那时已经从渭水北岸打到了泾渭交汇的地区，威胁到周的古都镐及其周边区域。所以这场战争应该是发生在西周都城附近。所幸尹吉甫防御到位，最终击败了匈奴，并一直追击到了太原。那么太原又是指哪里呢？青铜器"兮甲盘"的铭文中提到了"兮伯吉父"，郭沫若认为[②]这是指尹吉甫其人。尹吉甫在彭衙（今陕西白水县）阻击匈奴并砍下敌人头颅或活捉敌方俘虏。他领兵作战的这片原野就是太原。总之，这场战争只能说是阻止了匈奴的攻势，诗歌的描写有夸大战功的倾向。

北方战场上的周王室倾向于防守，而与之相对，南方战场上周王室大胆出击。《小雅·采芑》一篇中赞美了大将方叔出征江汉（今湖北地区）立下的战功。由此，荆蛮（楚人）不得不臣服周王室的势力。《大雅·江汉》一篇中记载了最得周宣王信任的召伯虎于战后对江汉地区的经营，其内容与"召伯虎簋"[③]铭文所记录的内容完全一致。周宣王时期，周王室在平定南方方面可

---

① 参照王先谦所著《诗三家义集疏》。——原注
② 见《两周金文辞大系考释》。——原注
③ 同上。——原注

谓大获成功；另一方面，对于东南淮水流域的徐夷，周宣王则亲率六军出征。此功绩记载于《大雅·常武》篇中，大意如下：第一章，王郑重命令南仲和皇父整顿六军，备好兵器，我们要尽心尽力解放南国百姓。第二章，王让皇父下令给程伯休父，令他率军沿淮水流域侦察徐国。我们要用最快的速度平定徐国。第三章，我们威严的王率领军队从容出征，全军肃然有序，引得徐国上下震惊，如遭雷霆。

该篇所描写的出征场景由于是御驾亲征，所以显得格外庄重。整体来看，周宣王首先防守住来自西北的匈奴的攻势，然后在南方及东南方大扬国威，这就是周王室中兴伟业的概貌。而战后所采取的一些措施也可参考《诗经》的记载。比如南方交由申伯监管。申伯受封于谢邑（河南南阳一带），可以很好地遏制南方势力。尹吉甫所作《大雅·崧高》就记载了此事。另外，《小雅·黍苗》则赞美了召穆公奉命营治申国都城谢邑的功劳。而在《诗经》的《大雅·烝民》和《大雅·韩奕》两篇中，前者记载了仲山甫奉命前往东方筑城一事。据注释①，曾受封于薄姑的齐此时迁至临淄，周宣王派遣仲山甫前去营建齐。后者记载了身为周武王后代，战功赫赫的韩侯受封于韩，肩负起治理东北一带

---

① 见《诗三家义集疏》。——原注

蛮族的重任。我认为韩所在地在今河北易州或涿州附近的说法[①]是比较可信的。此地被重新封给了周族，于是生活在附近的追、貊等蛮族纷纷敬献貔皮、赤豹、黄黑。周王室将大臣分别派往南方、东南及东方，让他们肩负起镇守边疆的职责。无论是册封新的诸侯，还是强化各诸侯势力，都可以看出周王室想方设法维持其势力范围。《烝民》《韩奕》《江汉》等篇皆尹吉甫所作，可以看出周宣王的臣子为了维护西周的统治可以说是殚精竭虑。那么，我们接着深入探讨。

如今传世的青铜器中，铭文记录字数极多、行文最磅礴的，当属中国学界十分重视的"毛公鼎"。关于其年代判定，众说纷纭，本文采用郭沫若的论点，认为它是周宣王时期的器物。铭文大致记载了开创周朝的文、武二帝的功绩，并回想了当初周所承天命，再对比目前周面临的灾难，表达了战乱四起、秩序混乱之时，周宣王身为周天子必须站出来的豪情壮志，也展示了周宣王即位之初急欲肃清政治风气的决心。他将内政外交全权交由父厝主理。父厝可自行决断对外的一切政务，无需向天子禀报。周宣王采用委任大臣处理国事的传统治理模式，并强调不可欺压庶民、官僚不可行贿、必须遵从先王遗训。"毛公厝"的名字并未在《诗经》中出现过，所以就此判断他为周宣王时期的人物恐怕

---

① 见《诗三家义集疏》。——原注

难以服众。但只有认同他为周宣王时期人物，许多事情才有合理的解释。

以上就是宣王中兴的全部内容。另外，周宣王又是周朝末期一位典型的暴君。比如，有一次鲁武公携二子括、戏朝见周宣王。周宣王喜爱弟弟戏，就把他立为鲁国的太子。鲁武公回国后没过多久就去世了，鲁国人不认可周宣王立的这个太子，于是就杀了戏。这次事件之后，周宣王的声望一落千丈。再比如，周和曾经生活在山西地区的羌戎在千亩开战却战败，于是周宣王就在太原进行了人口普查。此次人口普查①是为了征兵。以前一直是由地方自治负责此事，而这次是由中央直接下达征兵命令，结果还是打了败仗。关于周宣王之死，一直以来也是争议颇多。《国语》和《墨子》认为，周宣王是被杜伯射杀。其中，《墨子》提到杜伯被周宣王所害，于是化作冤魂前来索命。从这个故事可以看出，此时存在政权过度集中的现象。《毛诗诂训传》认为，《诗经》中的怨思诗多为周幽王时期的作品，其中也不乏一些反映周宣王时期的作品。比如《小雅·祈父》一篇中，"祈父"指掌管军事大权的司马，全诗都在抱怨司马强制征兵。与"料民于太原"的记载对照来看，就能理解当时周王朝政治的一个方面。如前文所述，周宣王将朝中位高权重之人分封到各地，或派遣大

---

① 据《国语·周语》。——原注

臣去管理各地，这自然会冲击到旧的制度。比如，在《小雅·大东》中，东边封地百姓勤苦的生活和西边周人的奢侈形成鲜明对比，足见东方人对周人的不满情绪。《小雅·都人士》平铺直叙地描绘了西周贵族的奢靡生活。最不满的应该要数被西周统治者强制征兵的黎民。比如《小雅·渐渐之石》描述了东征将士的痛苦，其中有涉及迷信的内容。另有《小雅·何草不黄》表达了征夫们的怨愤。这些诗歌都能够反映周宣王时期的乱世。所以在该时期，诗作一方面对周宣王及其将领歌功颂德，一方面又揭露东边与西边、西边与南边彼此之间的不满（参考《小雅·四月》），表达征夫们强烈的怨恨之情。就这样，社会矛盾一步步加深。

14

西周的灭亡

周幽王即位后，西周终于开始走向灭亡。在此，我们先对动荡时期西周在政治和社会等方面所呈现的特征进行说明。金石研究学者发现：（一）有大量记载证明，周天子或权臣常常赏赐自己的下属一些田地、山泽或者邑里。比如，周夷王曾把趞曩管辖的土地赐给一个叫吴大的人，趞曩只得奉尊王命。之后吴大作"大簋"记录此事。其中各种缘由尚不可知，但能够看出当时的王权是可以恣意取他人邑里赏赐权臣的。（二）南方及东南的江汉至淮水流域的蛮族需要向周王室进贡布匹^①，服苦役，而且要缴纳关税。这片地区对于周王室来说就等同于"半殖民地"，维持对此地的统治也是周王室的政策之一。这里也是宣王中兴之时，名臣召穆公耗费最多心血的地方。但该政策导致征夫的不满情绪日渐高涨。（三）诉讼记录非常多。常有文书记录个体之间或者诸侯国之间土地转让的事宜，最后都由周天子行使神圣的裁判权进行裁决。其中最有意思的是田地及农民的转让。郭沫若认为，

---

① 郭沫若的主张。——原注

在当时，比起田地，劳动力更受欢迎。掌权者们都想得到已经开垦过的田地。《诗经》中提到^①菑田（一岁田）、畬田（二岁田）、新田（三岁田），说明当时土地开垦程度高。到了西周末年，开垦新田变得困难，所以当然倾向于选择已经开垦的田地直接获取收入。《国语》记载^②，周宣王在位时废除了籍田之礼。籍田是指在王所拥有的千亩田地上陈列农具的仪式，王必须亲临现场巡视。而周宣王却未能贯彻周王室这种重视农业的传统。在当时不止周天子，其他掌权者们恐怕也是一样。

综上所述，这些特征都加剧了西周的灭亡。与王室关系亲近的权臣和与王室关系较远的贵族之间的矛盾日益激烈，周幽王在位时这种争斗到达了顶峰。《诗经》中《小雅·巧言》《小雅·何人斯》《小雅·巷伯》三篇都表达了对谗言的激愤。《小雅·巧言》写道：

> 君子屡盟，乱是用长。君子信盗，乱是用暴。盗言孔甘，乱是用餤（进）。匪其止共，维王之邛（劳）。

贵族之间的争斗一般来说会请周天子进行裁定并订立盟约，

---

① 见《毛诗诂训传》中《小雅·采芑》。——原注
② 见《国语·周语》。——原注

而新立盟约的数量越多，表明这种不和谐的状态越明显。再加上贵族之间还会说彼此的坏话，结果导致贵族阶级越来越混乱。奸臣并不会恪尽职守，只会扰乱朝纲。据《小雅·何人斯》记载，侍奉周幽王多年的苏公和暴公争田夺地，暴公进谗言引得苏公一怒之下作了这首诗。苏国位于河南温县[①]，暴国位于原武县（原阳县），两国是邻国。诗中写道：

彼何人斯？胡逝我陈？我闻其声，不见其身。不愧于人？不畏于天？

"陈"是指堂下之路，郑玄认为，这里是指客馆之陈。当时的贵族会建造公馆和私馆，公馆（客馆）就作为接待客人的地方。这句的意思是说，如今暴公偷偷摸摸来我的客馆，也不说见个面。我明明听到了他的脚步声，可我却没见到他人。难道他不觉得愧对天地吗？这首诗充分表达了苏公的满腔愤慨。贵族之间的不和自然会招致众人对于执政大臣的不满，《小雅·节南山》就充分体现了这一点。诗歌中提到尹氏身为太师，未能恪尽平定四方、辅佐天子、引导群臣的职责，反而双耳不进忠言，哄骗天子，任命一些沾亲带故的小人为官。所以黎民心生怨愤，唯

---

① 见《诗毛氏传疏》。——原注

恐上天马上就要降下灾难。这首诗由家父所作，展现了尹氏乱政是如何受到舆论指责的。果不其然，周幽王在位时发生了地震、日食等灾难。天灾让当时的人感到深深的恐惧。在《小雅·十月之交》中有相关记载，其大意如下：十月初一这天是辛卯，日月交会之时突然发生日食。月亮变小，太阳也慢慢变小，这是凶兆。百姓们马上就要面临灾难了吧。全国各地都没有善政，贤能之人都不能为官。月食也曾发生过，而一旦日食来临，万事也就休矣。电闪雷鸣，百川奔腾，大山坍塌，河岸变为低谷，低谷又变为丘陵。看到这乱象，执政之人不会心生警惕吗？如今掌管朝政的大臣都出自王妻阎氏一族，势力偏向妻党则必有乱政。百官之首的皇父都随意压迫我们，与其在他手下服役，还不如远走他乡。没有任何征兆就摧毁我的家庭，不让我继续耕作，家里的田地全部荒废。那皇父为了耕种自己向都的田地就随意征民，那么王的田地又要交由谁来耕种？我虽有心，但实在是畏惧谗言。百姓受灾并不是因为老天，而是因为这些小人。天下之民皆欢欣，唯我一人满心忧愁。

目前学界普遍认为，这首诗的创作时间是在公元前776年。以阎妻为中心的奸臣主要有卿士皇父、司徒蕃、冢宰家伯、膳父仲允、趣马蹶（音同"槐"）、师氏楀。在周宣王时期，皇父、仲允都是被讴歌的名臣，家伯和《小雅·节南山》的作者家父可能是同族。要针对这些人一一进行历史考究是不太可能的。总而言之，前朝的名臣皆成了败类。另外，《小雅·雨无正》也提到了各种异象和大灾难，和《小雅·十月之交》一样，我认为是周幽王时期的作品。如此看来，周幽王时期天、人皆一片混乱，社会动荡，迷信之风盛行。

加速西周灭亡的直接原因是继嗣问题。关于《小雅·十月之交》所提到的"阎氏"妇人，在其他文献中未见，一般提到较多的是王后申后和宠妃褒姒。周幽王在立嗣时，没有选择申后之子宜臼，而是选择了褒姒之子伯服。此举违背了国人的意愿。申后之父申侯借犬戎之力起兵，在骊山斩杀周幽王。西周因此被犬戎占领，而晋文侯和郑武公拥立宜臼为新王，东迁至洛邑（成周）。这就是平王东迁，象征着西周王朝正式覆灭。西周灭亡引发了黎民的惊恐，于是众人将其都归咎于褒姒一人。《小雅·正月》有言："赫赫宗周，褒姒灭之"。朱熹认为，这首诗作于西周灭亡后。诗中有名句：

> 谓天盖高，不敢不局。谓地盖厚，不敢不蹐（竦）……
> 哀今之人，胡为虺蜴。

意思是说，天之高地之厚却早已没有了立身之处，放眼望去，人人如虿蝎，自己必须要察言观色才能活命。足见当时人的自信和独立几乎丧失殆尽。褒姒作为西周灭亡的"元凶"，关于她的故事版本多样，其中《国语》[①]的故事最具代表性，其主旨主要有以下两点：（一）褒国的姒姓女子身上附有亡国的怨灵。姒姓原本是古老王室夏的国姓，亡国的怨灵跟着到了褒国。（二）褒姒是一对卖檿弧箕服的夫妇的养女。檿弧指桑弓，箕服指箕木做成的箭袋，两样都是男孩初生时举行仪式要用的东西。这是一个讲身上附有亡国怨灵的女子被卖檿弧箕服的夫妇收养，生了一个叫伯服的男孩，最终导致西周灭亡的故事。这样的故事明显是后世为了延续《诗经》中褒姒亡国的观念刻意而为的。东迁至洛邑的周平王是一个曾因褒姒之子伯服的存在而不被选择的太子，如今能顺利即位，看来褒姒一党确实有着被诅咒的命运。迁至洛邑的东周连同西周王室内部的争斗也一并承袭，所以未能在新的土地上革新政治。东周历史的展开与前朝截然不同。

---

① 见《国语·周语》。——原注

下　编

春秋前期

1

东周初期

相传由孔子所作的《春秋》记录了公元前722年至公元前481年这段时期的历史；而司马迁所著《史记》中的"十二诸侯年表"则概括了公元前828年至公元前471年的历史，也就是西周共和行政至吴国灭亡的这段时期。依我之见，春秋时期应该是指从西周东迁的公元前770年到吴国灭亡的公元前471年，这样限定范围最便于历史探究。另外，将这段时期命名为"春秋时期"是源于孔子的《春秋》。

　　西周灭亡对当时的中国来说，可谓非常重要的一段时期。周原本建都今西安附近，并以陕西、山西为其根据地进行发展。但随着西周的灭亡，陕西一度处于匈奴的统治下。当时的渭水流域有许多蛮族相继称王。比如，在西周根据地丰自称"丰王"的，应该也属于匈奴的一支。曾经臣服周王室的秦国当时位于甘肃地区，在和匈奴展开的激烈斗争中落于下风。周王室的分支晋国位于山西，渐渐将势力范围扩大至汾水下游，但当周王室的支援终止，晋国也不得不凭其自身的力量抗衡蛮族。而对于刚迁都至洛邑的东周而言，必须依靠中原地区的势力才能存活下去。正如前文所述，此时东边的诸侯对于周王室的态度并不积极，所以周王室东迁后最信赖的势力只有一同东迁的郑国。在此，我将首先以郑国历史为中心进行阐述。

郑国原位于西周都城镐京附近，是周宣王赐予其弟姬友的封邑。姬友又被称为郑桓公，在周幽王时期担任司徒一职，将西周势力范围内治理得井井有条，最后死于内乱。其子郑武公拥立平王（宜臼），为周王室东山再起做出贡献。《国语》记载[1]，周幽王时期，司徒桓公曾询问贤者史伯有关王室前途所在及迁都选址等问题，史伯回答：

> 当成周者，南有荆蛮、申、吕、应、邓、陈、蔡、随、唐；北有卫、燕、狄、鲜虞、潞、洛、泉、徐、蒲；西有虞、虢、晋、隗、霍、杨、魏、芮；东有齐、鲁、曹、宋、滕、薛、邹、莒；是非王之支子母弟甥舅也，则皆蛮、荆、戎、狄之人也。

"王之支子母弟"指的是周王室一族分封于各地的姬姓诸侯。当时的姬姓诸侯可谓汉族文明的起源，而"甥舅"指的是姬

---

① 见《国语·郑语》。——原注

姓以外的诸侯，蛮、荆、戎、狄在汉族团体看来属于野蛮人。狄、潞、洛、泉、徐、蒲、隗属于戎、狄，而荆、蛮主要是指盘踞江汉流域的楚国。以洛邑为中心，西边是陕西渭水流域，北边是从山西汾水流域到当时黄河沿岸的河北西部，东边是从河南东部到山东、江苏北部，南边是从河南南部到汉水流域，蛮族和汉族小国林立，散布在各处。史伯认为，这些蛮族或汉族占领的土地并不是一个好的容身之所，应该开辟一片新的土地，也就是在洛水、济水、黄河、颍水之间，如今淮水支流颍水的上游地区，河南省一个叫新郑县的地方。那里原本由东虢国和郐国管辖，于是郑桓公首先将自己的财产转移过去，接着郑武公随周王室一起东迁之时灭了两国，在那里新建郑国并积极开垦土地。《左传》记载[①]，郑桓公和商人一起开垦这片土地。这里的桓公应为误传。从《诗经》中我们可以发现，在周幽王时期，西周的贵族们都担心自己的前途，急于寻找能够转移自己财产的地方。郑国应该是其中最积极谋划的国家。

郑武公在周平王时期任司徒一职，为周王室殚精竭虑，但文献中无具体记载。其后即位的郑庄公就有诸多功绩记载于《左传》，其中尤其值得注意的是关于郑庄公的二位公子的英勇故事。公元前714年，北戎入侵郑国时，常用步兵攻打战车，使郑

---

① 见《左传·昭公十六年》。——原注

国不好防御。庄公为此十分烦恼，于是公子突提出建议，应该先派一部分虚弱的士兵同敌军战斗且故意败北，接着趁敌军乘胜追击、轻敌之际，再用伏兵一举拿下。另外，在公元前706年，北戎进犯齐国之时，郑国公子忽率兵迎击且大获全胜。齐僖公甚至想将女儿嫁给公子忽，结果被拒绝了。两则都是浴血奋战、抗击蛮族的故事。郑庄公本人也十分忠心，帮周桓王讨伐一些不服管的诸侯。[1]但周桓王不喜庄公专权，开始疏远他，于是周郑渐生嫌隙，最终周王室纠合诸侯去讨伐郑国，反被郑国击败。从中可以看出周王室权威之衰亡。据《左传》记载，公元前713年，周桓王用属于周王室却位于郑国边境的土地，去交换属于郑国却位于周王室领地边境的土地。土地交换由来已久，但周王主动提出交换还是头一次。郑国和鲁国之间也进行过这样的交换，分别是位于郑国境内的属于鲁国的汤沐之邑许田，以及位于鲁国境内的属于郑国的祊地。汤沐之邑是指诸侯在朝觐天子时中途休息的地方。鲁国国君在向宗周行觐礼时，被王室赐予许田为邑。祊是指天子巡狩东方之时祭祀泰山之处。那时郑国国君伴驾，被特别赐予祊地。两块地都是由王室在特殊场合赐予的土地，而郑、鲁却无视周王室所制定的旧例，将土地随意拿来交换，可以看出当时诸侯

---

① 见《左传·隐公九年》及《左传·隐公十年》。——原注

办事只会考虑本国的利益，不再顾及周王室的权威[1]。东迁初期，周王室君临中原地区。而郑国因援助周王室一事，也曾在中原一众诸侯国当中短暂地占据主导地位。周郑之间的土地交换似乎意味着二者可以平起平坐。而周王室一旦丧失权威，郑国的势力也会大不如前。之后，围绕王都洛邑的各大诸侯国开始彼此争斗，位于边陲的诸侯国渐渐开疆拓土。据《国语》及《史记》记载[2]，周王室东迁后，秦、楚、齐、晋的势力逐渐崛起，其中首先达成霸业的要数齐桓公。齐桓公称霸，由此展开一段新的历史。

---

① 见《公羊传·桓公元年》。——原注
② 见《史记·周本纪》。——原注

2

齐桓公的霸业

《孟子》有云^①，"《诗》亡然后《春秋》作"。《春秋》
就是一本"霸主记录"。西周末期，社会的动荡孕育出诗人的时
代；西周灭亡开启新的历史时代；周东迁后初期可以说历史还是
以周王室为中心书写的，但大约到了公元前7世纪，王权渐衰，
霸主时代全面开启。"霸"又作"伯"，指被周天子委以征讨之
权的人。但这样的说法仅以王权绝对不可分割为前提，而继承了
《孟子》的历史哲学思想的公羊学派的主张更能触碰到实质。比
如在公元前660年，黄河以北的邢国被狄所灭，齐桓公与诸侯联
合保全邢国，使其得以存续。在形式上，这属于僭越^②，因为保
全诸侯的存续是周天子的责任，但在"上无天子，下无方伯"的
情况下，有能力救助各诸侯者就可以这样做。这实际上承认了齐
桓公的地位，而霸主的时代正是由齐桓公开启的。

---

① 　见《孟子・离娄上》。——原注
② 　见《公羊传・僖公元年》。——原注

齐国始祖是太公望吕尚，"太公望"是号。司马迁认为[1]，其中的"吕"和"尚"分别为氏和名。宣王时期，"吕"和"申"一样都是位于今河南省南阳一带的国名，国姓都为姜，齐国的国姓也是姜。司马迁基于对氏姓的研究认为，原本居于南阳一带的申国和吕国，其国力逐渐衰微，由士族降为庶民。吕尚本来流浪南海，后听闻周文王之德，于是回来侍奉周王室。《史记》中也有诸多关于吕尚的记载，但对其出身的描述始终非常模糊。毋庸置疑的是，据《诗经·大雅》记载[2]，是一个叫尚父的人作为周王室军队的指挥者，辅佐周武王灭了殷朝。

一般认为，齐太公建都营丘，然后迁都薄姑，最后迁都临淄并永久定居在此。但据称营丘和临淄是同一个地方，所以齐太公初封之地应该是薄姑。薄姑位于山东博兴县，临淄位于山东临淄县，两个地方仅隔着一条济水。有说法认为，薄姑是国名；也有说法认为，它是部族首领的名字[3]。我认为它应该是指薄姑这个古老部族的所在地。青铜器铭文[4]中出现的"北伯"应该和薄姑是同一个部族。周宣王管辖东南时曾派仲山甫将齐国从薄姑迁往临淄，齐国就是从那时开始将临淄作为永久都城的。据《史记·封

---

① 见《史记·齐世家》。——原注
② 见《大雅·大明》。——原注
③ 见《尚书大传》。——原注
④ 见《观堂集林（卷十八）·北伯鼎跋》。——原注

禅书》记载，齐国自古以来就有祭祀八神的传统，八神大致分为天神（天主）、地神和兵神。天齐即渊水，象征着天主，据说在临淄南郊的山脚下。沙畹认为[①]，天为阳，且喜阴，祭祀它要在泽中圜丘，也就是低洼地区的小土丘上。"天齐"的"齐"也有"脐"的意思，天的肚脐眼换句话说也就是泽中圜丘。中国学界认为，齐国之所以叫"齐"正是因为天齐池。此处，"圜"同"营"，所以泽中圜丘即营丘。因此，齐国在象征圜丘的营丘这块地方建立了都城临淄。圜丘于齐国而言是非常神圣的地方。

《左传》记载，周朝大臣召公奭赐予齐太公一片领土，从当时被称为穆陵（今山东临朐县大岘山一带）的地方一直向北延伸至无棣（天津庆云县），该领土以西是黄河，以东是大海。《左传》如此记载，是试图以霸者伯也为由，将该领土范围与齐国的势力范围画等号。《史记》记载，齐太公赴任后，曾与莱夷爆发战争。齐国在以薄姑为国都的期间，可能与各蛮族发生了多次冲突。齐国自齐太公以后的系谱按照顺序为丁甲、乙甲、癸甲等，这样的命名方式很像殷的风俗。这一点值得我们注意，但其意义目前还不明确。

从齐襄公（公元前697年—前686年在位）起，齐国历史才有了明确清晰的脉络可循。公元前690年，《春秋》有云"纪公大

---

① 参照《史记译·封禅书》脚注。——原注

去其国"，标志着纪国的灭亡。纪国位于临淄东南边的寿光县，和齐国一样都是姜姓，其管辖的酅地紧邻临淄以东。纪国日渐感受到来自齐国的压迫，于是纪公的弟弟纪季便以酅地为礼投靠了齐国。《公羊传》对纪季的行为称赞有加①，称此举是为了能将纪国的祭祀传承保留在齐国境内。纪国原来和属于周王室宗亲邦国的鲁国走得比较近。《左传》记载②，鲁国曾促成纪国和周王室的姻亲关系，让纪国通过周王室的力量与齐国相抗衡。而纪国亡后，鲁国对于齐国的态度也不得不转为屈从。鲁国一直以来镇守东南，是一个能够代表周王室势力的大国，而此时也不得不屈于齐国的强盛国力。齐桓公的出世终于正式拉开了霸主时代的帷幕。

我认为，以《公羊传》为依据来研究齐桓公的作为会更合适。《春秋》记载，公元前681年，齐桓公在北杏与诸侯国使者会盟。据《公羊传》记载，列席者有宋、陈等古老的诸侯国的使者。这是因为齐桓公的声望还未被诸侯认可。于是，按照顺序，他要先和使者们会面，慢慢提高自己在列国中的信誉。同年冬天，齐桓公和鲁庄公在柯地会盟。鲁庄公害怕出席，担心齐国会提一些无理要求，但鲁将曹子（刿）劝说鲁庄公出席。在席上，曹刿执剑挟持了齐桓公，要求他归还曾经从鲁国夺走的汶阳的田

---

① 见《公羊传·庄公三年》。——原注
② 见《左传·桓公六年》。——原注

地，并声称齐桓公如果想通过此次会盟实现齐鲁之间的和平，那么就必须返还田地。谋臣管仲劝齐桓公答应他的要求，然后两国签订了盟约。《公羊传》评论此事，认为像这种强迫签订的盟约不遵守也罢，但齐桓公还是遵守了。曹子以剑挟持，事后遭报复也是正常的，但齐桓公对他毫无怨言。就这样，齐桓公赢得了天下人的信赖。公元前667年，齐桓公于幽地与鲁、宋、陈、郑四国会盟。东边的诸侯国就此以齐国为中心结成同盟，列国之间彼此联合。《春秋》记载，随后齐桓公讨伐山戎。山戎广居河南、山东、河北等地，不限于山岳地带，也会居于沼泽地带，严重威胁到农耕生活。至于齐桓公讨伐的山戎具体指什么，《公羊传》和《左传》未能达成一致。《左传》认为，山戎是指居住在今辽西地区的蛮族，他们入侵位于今北京一带的燕国，因此齐桓公才会出兵讨伐。目前还不能明确辽西地区的蛮族被称为山戎是因为他们和中原内地的戎为同一种族，还是因为齐国人一般称呼蛮族为戎。这个问题目前还未有答案。最终，齐桓公讨伐山戎大获全胜。凯旋次年，即公元前663年，他还携蛮族俘虏对鲁国做出示威之举。此时，鲁庄公去世，鲁国国内大乱，正处于《公羊传》所说的"旷年无君"的状态。对齐国来说，这是拿下鲁国的千载难逢的好机会，然而，齐国派高子前去帮助鲁国平定内乱、修筑城门，巩固鲁国的势力。鲁国后人提起这件事，无不对齐国心怀感恩。同年12月，狄灭卫国。卫国位于旧殷的根据地，是压制北狄势力、与周王室关系最深厚的诸侯国。这样的诸侯国却被居于沁水流域的赤狄所灭，在当时可以说是非常重大的事件。齐国掩护从卫国出逃的文公，并在楚丘（山东濮阳）帮助卫国复国。据《左传》记载[①]，此时被狄追击的卫国遗民男女合计七百三十人，宋国国君亲自到黄河边迎接，加上许地和滕地的人一共五千人暂时寄居曹国境内。齐桓公命其公子率战车三百、甲士三千驻屯于曹国，和诸侯共商为卫国在楚丘新建都城。营建楚丘的情景记录于《诗经·鄘风·定之方中》，卫文公复兴卫国的故事在《左传》里亦有记载[②]。侵犯卫国的赤狄接着侵犯了邢国（河北顺德县[③]）。邢国系谱不明，大概也是西周古老的氏族国家。邢国遭侵犯后，邢人只得迁都夷仪（山东聊城县）。齐桓公充分尊重邢人的意志，和诸侯一同支援他们。

　　齐国对于辽西地区的山戎和山西一带的赤狄并未采取积极进攻的策略。公羊家认为，最值得称赞的就是齐桓公这种存亡续绝的思想。在鲁国内乱之际，帮助鲁僖公安定鲁国是续绝，帮助邢国和卫国复兴是存亡。齐桓公霸业的关键在于联合诸侯国共同对抗夷狄，其主张在葵丘会盟时达到顶点。

---

① 见《左传·闵公二年》。——原注
② 见《左传·僖公十八年》。——原注
③ 今河北省邢台市。——译者注

3

齐桓公和宋襄公

齐桓公纠集东方及中央地区的诸侯时，能与之一争高下的只有楚国。楚国从西周时期开始就一直站在周王室的对立面，其族群广泛分布于江淮地区，当西周土崩瓦解之际，便一举进攻北方。因此，和周王室亲缘颇深的鲁国希望通过和楚国联姻来保全自己。郑国正好地处楚国和齐国之间，一时不知该和哪股势力联手。《左传》记载[①]，随着齐国势力不断强盛，郑国终于还是向齐国屈服。为此，楚国还举兵伐郑。齐国为了应对这次进攻，在阳谷（山东顺昌县）会见诸侯。《公羊传》和《管子·大匡》皆称此次会盟是齐桓公最光辉的时刻，但《孟子》《穀梁传》和《左传》的记载与之完全相反，所以本书并不认可《公羊传》和《管子·大匡》的评价。总之，齐桓公在阳谷会见诸侯后，最终为伐楚而进军陉地（河南召陵县），于召陵（河南郾城县东）与楚国订立盟约。《公羊传》将此次会盟作为齐桓公的功绩大加称赞，意思是楚国是蛮族，有王者出面加以管束就会服从，没有就

---

① 见《左传·僖公三年》。——原注

会反叛。当时，夷狄屡屡进犯中原，南夷北夷等接连入侵，颇有誓亡中原之气势。而齐桓公驱除了夷狄，拯救了中原，最终让楚国臣服，这就是王者霸业。《管子·大匡》中提到齐国伐楚的理由，说楚人武力进攻北方诸侯国宋、郑，毁坏城池、掳掠人口，使北方人不得不如鸟鼠般四散逃窜，过着穴居生活。于是，管仲向齐桓公进谏，此时必须要想办法保存宋国和郑国。首先以武力向楚国施压，与其订立盟约，让其不能继续攻打宋、郑，接着齐桓公南征伐楚，并大获成功。关于此事，《左传》和《史记》中也有相关记载，但在齐国广为流传的说法应该就是《公羊传》和《管子》中记载的内容。

　　齐国降服楚国后，于公元前651年在葵丘再一次与诸侯国会盟。葵丘位于宋国都城（今河南商丘）的郊外。在当时，宋国几乎算是北方诸侯国的中心。出席此次会盟的主要有：代表周王室的使者大臣，以及宋、卫、郑等大诸侯国。《左传》及《管子》记载，经过此次会盟，周襄王肯定了齐桓公的霸主地位，并在形式上赐予他彤弓和车驾。《孟子》记载了此次会盟的盟约，内容如下：

　　　　初命曰，诛不孝，无易树子，无以妾为妻。
　　　　再命曰，尊贤育才，以彰有德。

三命曰，敬老慈幼，无忘宾旅。

四命曰，士无世官，官事无摄，取士必得，无专杀大夫。

五命曰，无曲防，无遏籴，无有封而不告。曰，凡我盟之人，既盟之后，言归于好。

《孟子》记载的这份盟约之辞，在《左传》和《公羊传》中各记载了一部分。有人相信《左传》《公羊传》中的记载，而怀疑《孟子》中的记载[1]，但本书认为应该相信《孟子》的记载。齐桓公作为盟主，规定各诸侯必须严守家族道德，时刻不忘尊贤育才和礼遇宾客，并且要遵守士不世为官、不轻易诛杀大夫的原则，他还强调国与国之间要互帮互助。该盟约可以说是一份堂堂正正的盟约条款。《左传》中记载了会盟仪式[2]，举行仪式时要宰杀牲畜，并饮其鲜血、立于神前盟誓，一旦违背誓言将会受到神明的惩罚。一般选择割牛耳取血盛于敦，再将牛耳放在盘上，由两位主持者捧着，宣读诸侯商议好的载书（盟约书），然后按照尊卑顺序饮血，之后会把盟约书和牲畜的尸体一起埋于土中。副本会交由盟主国官府保存。《公羊传》记载的会盟地点在

---

① 　见吕振羽著《殷周时代的中国社会》。——原注
② 　见《左传·隐公元年》（孔疏）。——原注

都城郊外，且需要设置神坛。坛上装饰方明，也就是八角木，用来象征八方神明。周王室极盛之时，诸侯都会来朝觐天子，而天子也会在巡狩诸侯国时举行这种会盟仪式，主要是为了表彰诸侯的功勋。齐桓公的会盟主要是会见诸侯，一同宣誓遵守封建制，属于一种维持中原文明的举动。《孟子》认为，此次会盟可能并没有采用歃血这一古老的形式。齐国就这样以"新的王者"的威严来号令诸侯维持中原文明，并由此联合为一体。《公羊传》认为，同盟的"同"意为"同欲"，指站在相同的立场订立盟约。通过此次会盟，中原精神又更进一步觉醒。

《国语》和《管子》中详细记载了齐桓公的内政制度，但它究竟是不是桓公时期的制度还有待商榷，所以本书暂不采用。齐桓公死后不久，齐国陷入内乱，其霸业也没有维持多久。此时，宋襄公作为拥立齐国太子为君、镇压齐国内乱的功臣登上了历史舞台。宋襄公十分想继承霸业。《左传》和《公羊传》对于他有截然不同的评价。《左传》认为，他一方面是暴君，一方面是拘泥于形式的假仁假义之徒；但《公羊传》认为，他仁义有信，与人交战之时也光明正大。我认为《左传》和《公羊传》都未能展现其历史的原貌，所以我会综合《春秋》及《左氏》《公羊》两传来探讨宋襄公的霸业。《春秋》有如下记载：

宋襄公

出自《绣像东周列国全志》

宋人执滕子婴齐（僖公十九年）

　　宋人、曹人、邾娄人盟于曹南（同上）

　　鄫子会盟于邾娄（同上）

　　邾娄人执鄫子用之（同上）

　　这一连串的事件必定存在着因果关系。可以确定的是，会盟主导者是宋襄公，此外曹、邾娄、滕、鄫等都属于山东南部的古老氏族。宋襄公首先集结古老的小国，作为他图谋称霸的第一步。《左传》和《公羊传》在这一点上意见一致。关键是"邾娄人执鄫子用之"一句，《左传》认为是宋襄公指使邾娄人（邾国）将鄫子（鄫国国君）献祭给次睢之社，借此来威胁东夷臣服，但没有详细说明是如何采用献祭人君的方式去威胁东夷的。《公羊传》则认为是鄫子在会盟之时迟到了，所以邾娄人为了惩罚他，就将他献祭，敲碎他的鼻子，用他的血来祭祀。西晋张华所著《博物志》中提到[1]，在山东省兰山县的一个叫次睢的地方有一个大丛社，民间传说是一个食人社。鄫子可能就是做了献祭给大丛社的祭品。正如《公羊传》所记载的，鄫子会盟迟到，所以盟主就命邾娄人惩罚他，用他来祭祀。中国古老记录中的"聊、衅、恤、祀、祈"等文字，都有在宗庙祭祀或社稷祭祀

---

① 　参见《左氏会笺》。——原注

时，用动物的血涂抹祭场或祭祀用具的意思。据说，禹在举行涂山之会时，因为防风氏迟到了，所以就把他作为祭品献祭了。《左传》记载，鲁国季武子伐莒时将活人作为祭品献给了亳社。会盟之时迟到者，或者因罪行而受到征讨的敌国国君往往会被当作祭品。马赛勒·葛兰言认为[1]，这也可以说是古中国留存的宗教性习俗。根据以上史料，我们可以看出宋襄公为谋霸业，以盟主的身份向古老诸侯国施压的事实。

宋国是殷的后代。周王室对待宋国如同对待宾客，并没有作为臣下来看待。据王国维考证[2]，《诗经·商颂》诸篇是由西周末期的宋国人正孔父所作。就像西周中兴时期，尹吉甫为赞美周宣王的丰功伟绩而作诸多诗歌一样，宋国人也作了《商颂》。整体来看，《商颂》是为歌颂殷的传统功绩而作。传承至宋国的文化精神以诗歌的形式表现出来。当今著名的青铜器——齐国的"镈钟"是在大约公元前6世纪中期，齐灵公时期，由在齐国为官的宋国人叔尸铸造。铭文中记载，叔尸虽已入仕齐国，却仍念念不忘祖先的功业及自身所继承的殷的传统。宋襄公希望作为古老文化的传承者，纠合起山东地区的各大古老诸侯国，以图取代齐国的霸主地位。《公羊传》更是将宋国称为文化大国，并高度

---

[1]　马赛勒·葛兰言：《古代中国之舞蹈与传说》，1926年著于巴黎。——原注

[2]　见《观堂集林（卷二）·说商颂》。——原注

赞扬宋国欲抗衡蛮族楚国的野心。然而，宋襄公在和楚国的泓水之战中一败涂地。《左传》因此将宋襄公刻画得一无是处。在评判历史时，《公羊传》重视动机，而《左传》重视结果。简而言之，在齐桓公逝世后，书写历史的东方势力渐渐被南方势力楚国所压制。而此时盘踞山西的北方诸侯晋文公登上历史舞台，开始了他的宏图霸业。

4

晋国勃兴

晋国在晋文公在位时，取代齐、宋等东方诸侯，成为新的中原霸主，在周王室衰落后很长一段时间里，为中原统一奠定了基础。所以在《左传》《国语》中，晋国历史的记载最清晰具体，而后世添补的部分也最多。关于晋国的始祖及封地，还有许多待探讨的问题。一般认为，周成王将其弟叔虞封于唐。唐是一个在西周还未完成天下统一之时，就已经存在的古老氏族国家。周成王时期灭唐后，此地被赐给叔虞。唐位于汾水下游，在今山西翼城县。唐叔虞之子燮继任后改国号为晋。也有反对的声音认为，国号晋是来源于晋水这条河，晋水地处山西太原。《史记·晋世家》中强调，唐叔虞为姬姓，而周武王之子周成王的弟弟本来就应姓姬，并没有刻意指出的必要；在提到其他周王室分支的各大诸侯世家时，也并未强调他们的姬姓。有说法认为，司马迁对于唐叔虞的出身是存疑的。依我之见，此处采用通说即可。获封鲁的原本应该是周公旦，但实际赴任的是其子伯禽。在此之前，鲁被称为奄。晋国也是一样的情况。唐叔虞被赐封时称为唐公，其子燮继任后才改为晋。青铜器"晋邦簠"上的铭文"我皇祖唐公受大命"可以证明这一点。据《左传》记载[1]，唐叔虞携"怀姓九宗、职官五正"，封于夏墟。《左传》还记载[2]，唐叔虞受封的大夏是掌管参星（参宿）祭祀的实沈所在地，相传古唐国是实沈的后代。这里所说的夏或大夏，位于今山西太原[3]，但这个说法不够严谨。应该是晋国势力延伸至汾水上游后，大夏（也就是太原）才成了它的根据地。"受封夏墟"的"夏墟"指的不是太原，而是汾水下游的今山西翼城县附近。实沈的传说中，提到了汾水流域被开垦的情景：实沈之子台骀疏通汾水和与其交汇的洮水，填埋大泽，最后居于太原。[4]此处的"太原"常和前述的大夏混淆，根据杜预的看法，应该是指今天的山西太原，而后世学者多认为是指平坦开阔的原野。由于台骀成功治理水患，汾水、洮水交汇之处农耕兴盛。天帝嘉奖台骀治水有功，于是赐给他汾水之地。祭祀台骀的有沈、姒、蓐、黄四国。四国围绕汾水边的翼城而居。晋后来灭了四国，逐渐发展壮大。《史记》记载，唐叔虞后第六代晋靖公在位时，西周正值共和行政时期，晋国也是从此时起有了正规的年代。《竹书纪年》在记载晋国历史时提

①　见《左传·定公四年》。——原注
②　见《左传·昭公元年》。——原注
③　此处依据杜预的主张。——原注
④　见《左传·昭公元年》。——原注

到，西周亡于周幽王一代，然后晋取而代之，成为中原的统治者。此书从晋文公在位时的历史开始记述。《左传》和《国语》记载，周王室东迁之时，国力尚存的仅有晋、郑两国；东迁之后，晋国逐渐在西北诸侯国中崭露头角。但随后，晋室位于翼城的大宗和位于西边曲沃的小宗纷争不断。最终，曲沃在晋武公的带领下统一晋国，其子晋献公定都于绛（山西绛县），为晋国后来的称霸大业打下了基础。

《国语·晋语》起笔于晋献公。晋献公将死之时，一个叫宰孔的人说了这样一句话：

> 景霍以为城，而汾、河、涑、浍以为渠，戎狄之民实环之。

"景霍"是指霍太山，位于今山西霍山县，这里应该是晋国的极北之地；涑水就是前文提到的洮水；浍水是汾水的支流。除汾水下游平原以外，晋国被蛮族包围。随着自身势力的扩张，晋国渐渐消灭了赤狄、白狄等蛮族。赤狄主要生活在山西西北部的山林里，白狄则生活在山西内部，过着和汉族杂居的生活。赤、白分别意味着远、近。通常而言，汉族和蛮族是敌对关系，但反过来说，其实双方也在互相融合渗透。奠定晋国基础的晋献公，其妻是齐国人，而妾室是翟（狄）国狐氏之女。后来晋献公讨伐骊戎后，娶了骊戎女子回来做妾室。《左传》记载，翟国狐氏和骊戎的国君都为姬姓，和周王室同姓。日后成就晋国霸业的晋文公是狐妃的儿子，起初因内乱不得不流浪于列国。到郑国时，郑国并未礼待他。一位臣子就向郑国国君进谏，认为晋文公是由晋献公与同是姬姓的狐氏之女所生，一般而言，同姓通婚其子嗣大多无法存活，但文公无论在多么艰难的境遇下都能存活，足见上天之庇佑。[①]中国历史进展到汉朝时，与汉族争斗最激烈的匈奴也认为自己是黄帝的子孙，原属于汉族一支。春秋时期的狄大多自称媿（愧）姓，戎自称允姓。王国维认为[②]，这些蛮族原本是没有姓的，和汉族通婚之后不得不遵循汉族的习俗给自己起了姓。自古以来，汉族就知道北方有着鬼方（又称畏方）这样的蛮族存在，这些蛮族姓媿。《诗经》提到匈奴时一律称其为"猃狁"，后来就成了允姓。另外，王国维还认为，跟随晋国先祖唐叔虞的怀姓九宗的"怀"又同"媿"。可见晋国从开国之初便和蛮族有了千丝万缕的联系。不过，晋献公所娶的狐氏女和骊戎女，可能和姬姓并没有什么关联。姬虽为周姓，但同时也是对女性的尊称。二女被称作"姬"，可能并不代表姓氏，也许是对她们的尊称。晋国和

① 见《左传·僖公二十三年》。——原注
② 见《观堂集林（卷十三）·鬼方昆夷猃狁考》。——原注

齐国不同，会和那些被汉族视作蛮族的部族通婚。齐桓公也有很多妻妾，但大部分是有正统传承的诸侯之女。这里我们可以看出东南诸侯国和西北诸侯国之间的差异。

晋献公的妾室多为蛮族，这一点在内政方面也会产生很大影响。《左传》和《国语》认为，晋献公宠爱骊戎之女引发了晋国内乱。但《史记》综合考虑认为①，晋国内乱源自公子数量众多。晋献公诛灭或驱逐诸公子，然后定都于绛，奠定了国家的基础。而诛灭或驱逐诸公子的政策导致晋国许多公子不得不逃到别国避难。诛灭或驱逐诸公子、加强王权的方针后来成了指导晋国内政的方针。统一内部后，晋国对外相继消灭霍（霍县以西）、耿（皮子县）、魏（芮城县）等小国，接着是虞、虢，最后一步步逼近盘踞于隔开汾水和沁水的山林中的白狄一脉——东山皋落氏。晋国势力范围渐渐从黄河右岸延伸至河南平原。而后，晋献公将魏地赐给毕万，耿地赐给赵夙。此二人的后代后来参与了瓜分晋国，并建立了魏国和赵国。晋国之所以会发展壮大，正是得益于其任人唯贤、防止本族势力过于强大的内政方针。

晋献公在位时，齐桓公正好称霸于中原。齐桓公死后，宋襄公未能继承其霸业，致使楚国势力逐渐渗透至淮水流域，甚至延伸至黄河下游一带。公元前634年，《春秋》有云"公子遂如楚

---

① 见《史记·晋世家》。——原注

乞师"。公子遂是鲁国公子。在《公羊传》的记载中，拥有正统传承的大国鲁国都不得不借助楚国的力量。孔子用到"乞"这个字，说明他谴责鲁国这种依赖蛮族的卑微态度。公羊学派人物董仲舒认为[1]，当时的黄河流域没有盟主，一直处于互相争斗的危险状态，那么鲁国会有如此卑微的态度也就不足为奇了。对于中原各国来说，楚国的势力都是一个威胁，而此时将中原列国团结起来的就是晋文公。

---

[1]　见《公羊义疏》。——原注

5

晋文公的霸业

晋文公重耳为躲避内乱流浪在外十九年。《左传》《国语》绘声绘色地讲述了这个故事，说是历史，其实更像小说。在此期间，重耳的弟弟晋惠公夷吾即位。夷吾也是翟国狐氏之女的儿子，其母名叫小戎，是重耳之母大戎的妹妹。夷吾借助当时陕西一带的强国秦的力量回归晋国即位为君，但他之后渐渐与秦交恶，最终与秦展开大战，战败受重伤后死亡。晋国人希望重耳能回国即位，秦国就派兵护送重耳回国。《左传》关于晋文公回国一事的记载十分详尽，在统合整理各种史料的基础上进行记述。关于秦晋之间的关系，据《左传》记载，作为援助的代价，秦国要求晋惠公把曾许诺的黄河以西，也就是河西之地给自己。但晋惠公即位后背弃诺言，从那以后秦晋的邦交关系就变差了。之后的晋文公（重耳）也是在秦国的帮助下才回国，最终还是把河西之地割让给了秦国，建立起两国的和平关系。对两国关系的说明看似合理，实际上在当时，国与国之间也许并未划分出清晰的领土界线。

《国语》中将晋文公回国继任后采取的内政方针概括如下：

> 昭旧族，爱亲戚，明贤良，尊贵宠，赏功劳，事耆
> 老，礼宾旅，友故旧。胥、籍、狐、箕、栾、郤、柏、
> 先、羊舌、董、韩，实掌近官。诸姬之良，掌其中官
> （内官）。异姓之能，掌其远官。公食贡，大夫食邑，
> 士食田（受公田），庶人食力，工商食官，皂隶食职，
> 官宰食加。

这样的方针乍一看非常形式化，但它明确区分了古老氏族和晋一族，注重选拔贤能执掌民政，并授予士族公田。在此之前，晋惠公曾制定爰田制[①]，将原属于古老部族的田地变为公田，然后赏赐给有功的将领。文中"士食田"就是指这个制度。

晋文公在位时，周王室爆发内乱。公元前636年，《春秋》有云"天王出居于郑"。《左传》记载[②]，周襄王与郑国相争，引狄军伐郑，后又迎娶狄女为王后。这位王后勾结篡位未遂的王子带，于是周襄王想要讨伐王后陨氏一族，结果大败，出逃郑国。晋文公想趁此机会救援周王室，以勤王的名义入驻中央。这

---

① 见《左传·僖公十五年》（服虔注）。——原注
② 见《左传·僖公二十四年》。——原注

件事难度很大，于是晋文公特地进行了占筮。原本居于山西沁水流域的狄，此时已将其势力范围拓展至河南北部平原，即今怀庆平原一带。要想救援周王室，就必须先攻克这股势力。最终晋文公平定了周王室的内乱。周襄王感念其功劳，把阳樊、温、厚、攒、茅等地赐给了晋国。《左传》认为[①]，这是晋入主南阳的第一步。南阳位于太行山以南。温指今温县，曾是殷的根据地，后来又由周封给了卫国，卫国遭狄灭亡后向黄河以南迁徙，所以此地基本处于狄的统治下。如今周襄王又将它重新赐给晋国，可想而知晋国必定已经把该地的狄势力一扫而空。自此，黄河左岸一带也归晋国所有，从山西到中原一带，晋人可以自由往来。

晋国的势力范围逐步向东南扩张。与此同时，楚国的势力范围逐步向东北延伸。阻止楚国势力的是曾图谋称霸的宋国。公元前633年，《春秋》有云"楚人、陈侯、蔡侯、郑伯、许男围宋"，由此可见，河南地区的诸侯国已全部成为楚的盟国。宋国为对抗楚国势力，向晋国求援。晋文公应允救宋，但必须要先控制住曹、卫。《公羊传》记载，曹国是楚国坚定的拥护者，曾仗楚国势力向东入侵鲁国，向西入侵宋国。卫国的都城是楚丘，当时的卫国依附于曹国。于是晋文公首先制订了降服曹国的方针。《左传》中关于这一段历史的记载十分有趣。晋军在攻打曹国

---

① 见《左传·僖公二十五年》。——原注

城门之时死了很多人，曹军将他们分尸，悬挂于城门之上。古时将野兽分尸，悬挂于城门之上是一种驱魔的做法，曹军将晋军看作恶魔，想要驱除他们。此举让晋军心生恐惧，晋文公一时也不知如何是好，偶然听到有人说要去墓地，便心生一计，命军队驻扎在墓地里。当时各诸侯国都施行族葬①，全族共有墓地。曹氏一族死后都会被葬在同一个地方。晋文公在曹氏墓地驻军，让曹国人一片哀号，只得妥协，将悬挂起来的尸首收于棺椁内抬出了城。晋军趁城门大开之际，一举攻下城池，抓了曹国国君送给了宋国。这个版本的故事由来已久。最终，曹、卫臣服晋国。楚国听闻之后立刻出兵，想要营救曹、卫。晋楚两股势力于公元前632年在城濮（濮州）交战。《左传》对此战的记载十分详细，可能也有添补的部分。当时，晋国伐楚的理由是"汉阳诸姬，楚实尽之"，晋国作为周王室的分支，要为那些被楚亡国的姬姓诸侯报仇。战争以晋国的胜利宣告结束。战后晋文公在践土（河南修武县）为周襄王修筑了一座行宫，并迎来周襄王与诸侯会盟，晋文公作为盟主成就了霸业。这就是有名的践土之盟。周襄王承认晋文公的霸主地位，作为证明，赏赐其彤弓和车驾，接着赐言：

王谓叔父，敬服王命，以绥四国，纠逖王慝。

---

① 见《左氏会笺》中"僖公二十八年"。——原注

周王与诸侯盟誓：

> 皆奖王室，无相害也，有渝此盟，明神殛之。

上述所言主要表达了诸侯要拥戴王室，为王室尽忠之意。周襄王亲自临席，足以证明该会盟在形式上是最接近霸主之盟的会议。但就盟约内容而言，与齐桓公宣扬中原文明精神的盟约相比，晋文公的盟约还是稍微显得有些流于表面。《春秋》有云"天王狩于河阳"，《公羊传》和《左传》都认为，周襄王是被晋国强制参加践土之盟的。那么，导致晋楚之争的曹、卫在战后又是如何被处置的呢？据《左传》记载，晋国承袭了齐桓公存亡续绝的政策，让曹国把侵占别国的土地都如数奉还，并以此为条件，要求诸侯保存两国，不要赶尽杀绝。卫国苦于内乱[①]，在晋文公的协助下得以保全。卫国国君发誓会和卫国百姓齐心协力经营国家社稷。《左传》中亦有如下记载：

> 天祸卫国，君臣不协，以及此忧也。今天诱其衷，使皆降心以相从也。不有居者，谁守社稷？不有行者，谁捍牧圉？不协之故，用昭乞盟于尔大神以诱天衷。自

---

① 见《左传·僖公二十八年》。——原注

今日以往，既盟之后，行者无保其力，居者无惧其罪。

有渝此盟，以相及也。明神先君，是纠是殛。

《孟子》有云"社稷为重，君为轻"，说明只有重视百姓的想法，社稷才会安稳。

晋文公进军曹、卫时，编制三军，随后又另外编制了三行。通常来说，只有天子才会统率六军。为了避嫌，晋国编制三军三行，实际上还是六军。由于前述爱田制的存在，军人能够被授予公田。编制六军时采用的选拔人才的方法为，六军统率者不能是本族中人，其职也不能被一家独占；另外还对军械进行了整备。《左传》中描写的城濮之战中的晋军可谓浩浩荡荡、军容威严。除了编制军队、立下军功，后世还认为，晋文公是一个信赏必罚的人。《韩非子》就是其中之一[1]。《左传》和《国语》描述晋文公是一个践行传统道德之人，在提到春秋初期的霸主时总会用到类似的表达。《左传》还评价晋文公擅于权谋。《韩非子》正是以此为依据，认为晋文公在处理国政时践行信赏必罚的理念。总的来看，晋国的特点在于，初期与蛮族通婚，兼备汉蛮两族的长处，后来对军政加以改进。晋国逐步消灭蛮族，为开辟新中原奠定了基础。

---

[1] 见《韩非子·外储说》。——原注

6

晋和楚

晋国是一个军政一体的国家，这是由它所处的地理环境所决定的。（一）山西地形极其复杂，少有像东边黄河流域那样大面积的平原。（二）汾水下游土地贫瘠、物资匮乏。《诗经·国风》中《魏风》和《唐风》部分汇集了此地的诗歌，该地多有俭啬之礼[①]。（三）勇猛的赤狄一族生活在围绕汾水流域的群山之中，晋国一直处于与之抗争的状态中。（四）秦国位于晋国以西的陕西台地一带，这里原本是西周发家的凤翔之地。由于和犬戎（匈奴）之间不断的争斗，秦晋之间的关系时好时坏。在这样的环境下，晋国采取军政一体的政策可以说是不得已而为之。关于秦晋关系，《左传》中详细记载，为争夺河西一带的小国，秦晋相争不下。但我认为这一点还有待考证。晋文公在称霸中原之时，秦国的在位者秦穆公也是一位名君，他常在中原各地选拔人才旺其国势，随晋文公一起进军中原，拓展势力范围。公元前

---

① 见郑玄撰《诗谱》。——原注

627年，晋文公死后，秦穆公试图攻打郑国。《左传》记载[1]，秦国曾和晋国一起讨伐郑国，但因为郑国求和，于是临时改变主意将军队驻扎在郑国都城里守卫郑国。对于郑国来说，勇猛的秦军是最合适不过的防御军。然而，驻城将领中有一人返回秦国，建议秦穆公攻打郑国。于是，秦穆公派远征军跨过函谷险关。在途经周王都时[2]，为表敬意，三百乘的秦军将士纷纷脱下甲胄，跳下兵车行礼，随后又迅速上车，继续行军。郑国听闻此事，马上开始制订对策。晋国又因为秦国此前的背叛，于是在崤地设兵伏击秦军。秦军大败。这次败仗对秦国而言是致命打击，自此以后，秦国再无希望称霸中原，不过后来凭借秦穆公的才能终成西戎霸主。

位于黄河中下游中原地区的封建诸侯遵照本国的传统，努力维系社稷。联结诸侯的盟主制度由齐桓公开启，由晋文公继承。然而，自周王室开创以来，与北方势力形成对抗的楚国势力一度压制齐桓公的势头，又重创晋文公的伟业。晋文公死后，楚国逐步向北方进发，河南北部的封建诸侯国被一一消灭。在这种情况下，晋国大夫赵盾纠集中原诸侯的势力，试图继承晋文公的霸业。赵盾采取和平政策，于公元前620年集合东边诸侯结下扈地

---

① 见《左传·僖公三十年》。——原注
② 见《左传·僖公三十三年》。——原注

（河南原武县）之盟。赵盾作为主持者，率先将晋侵占的郑、卫之地归还，以确立自己盟主的地位。公元前613年，赵盾与中原诸侯于新城会盟。诸侯大多参加了此次会盟。《左传》评价[①]，多亏了这次会盟，中原诸侯得以脱离楚国势力，统一到赵盾麾下。在此次会盟中，诸侯还针对郑国的继嗣问题进行了讨论。在这个时期，郑国位于山东滕县一带。郑文公的两位夫人分别来自齐国和晋国，且都育有子嗣。因此，郑文公死后由谁来即位就成了一个大问题。郑国人希望齐夫人的儿子捷菑即位。晋国为此还动员了诸侯国的军队，想要拥立晋夫人之子。结果郑国人同晋国讲道理，最终说服赵盾放弃了他的主张。此外，周王室发生内讧时，赵盾也极力平定其内乱。可以看出，赵盾一心想履行同盟的誓约，确保晋国的盟主之位。

然而，赵盾为和平所做的努力由于楚国势力的扩张而土崩瓦解。公元前610年，宋国发生内乱，其国君被诛杀，于是晋国想要联合诸侯之力讨伐宋国。作为盟主这么做是理所当然的。而在回国的路上，赵盾再次在扈地与诸侯会合时，郑国国君却没有出席。《左传》中记载的郑卿子家的书信表明了郑国当时的立场。我们未知该书信是不是当时之物，但可以看出郑国处于晋楚之间的为难。陈、蔡等河南中部的诸侯国动不动就背叛晋国依

---

① 见《左传·文公七年》。——原注

附楚国，郑国夹在中间，要不停地斡旋。郑国对晋国曾经是十分忠诚的，但晋国还要责备它，所以它才不得不铤而走险，依附于楚国。于是，晋国就派使臣和郑国商量互换人质以维持和平的局面。公元前608年，晋国在北林（郑国郊外）伐郑、陈，以失败告终。《左传》记载：

　　　　于是晋侯侈，赵宣子为政，骤谏而不入，故不竞于楚。

　　上述所言将失败的原因归结于晋灵公。北林之战使晋楚的势力关系开始发生大转变。《左传》认为，晋国国政不清明是晋灵公的骄奢淫逸所致。《春秋》记载，北林之战翌年，"赵盾弑其君夷獋（《公羊传》记为'獳'，《左传》记为'皋'）"，引发争议。《左传》和《公羊传》都认为赵盾并没有亲手杀害晋灵公。关于这一点，我们暂不探讨。晋灵公死后，晋国的国势并没有因此好转，最终在邲（郑国之地）之战中一败涂地。楚国称霸的时代正式来临。《左传》详细记载了此战中两军的情形：（一）晋军中存在主战派和主和派的对立；（二）郑国于晋楚之间斡旋；（三）楚庄王率领的军队井然有序，战还是和取决于晋国的态度；（四）晋军不团结，在气势上输给了楚军，兵败如山倒。《左传》和《公羊传》中都以"舟中之指可掬"来描绘晋军在衡雍（原武县）退兵欲渡黄河之时，被楚军追击而丢盔弃甲的情景。经此一役，楚国威严在中原诸侯国中更上一层，但楚国并没有组织各种会盟。这丝毫不影响《左传》《公羊传》对它的评价，认为楚庄王实际上已处于霸主地位。作为春秋前期最后一任霸主，楚庄王所开启的霸主时代与前人有着完全不同的风貌。

7

楚国历史和楚庄王的霸业

据《公羊传》记载①，楚国在《春秋》中被称为"荆人"或"楚子"。"荆"为地名，"楚"为国名，中原人认为楚人乃野蛮人，从未学习过中原文化。然而，如今传世的青铜器中被判定为周成王时期的器物的铭文中明确记录了"楚侯""楚伯"等称呼。楚国大致位于从山东南部到江苏北部、安徽北部的淮水下游一带。这是以前的楚国的疆域，后来被称为"荆楚"或"荆蛮"的国多位于江汉之间，也就是今湖北省。关于楚国的地理位置，因时代不同而所指不同，其中原因尚在研究中，我在此大胆推测如下。

　　《史记》记载，从前有个叫陆终的人，传说其夫人剖腹产六子。第一子叫昆吾，居于山东濮州，后移居河南许州，己姓；第二子叫参胡；第三子叫彭祖，居于徐州，是彭姓始祖；第四子叫会人，也就是《诗经》中的"郐国"妘姓始祖，于周王室东迁之

---

① 见《公羊传·庄公十年》。——原注

时被郑灭亡；第五子叫晏安，邾国曹姓始祖[①]，据沙畹研究，该部族曾居于山东邹县，其子孙后代一直繁衍至春秋时期。第六子叫季连，居于湖北，是楚国始祖，芈姓。己、彭、妘、芈等姓的一个大部族都祭祀火正祝融，广泛分布于江淮地区。西周初期有一个叫熊盈族[②]的部族被周剿灭，而楚国祖先的名字中也多有"熊"字，如鬻熊、熊丽等。所以熊盈族就是指楚族。当时该部族所在地大致位于山东南部到淮水下游一带。西周初期，该地区的势力相对来说比较强大。《楚辞》中记载了关于殷的故事，由此可推断，楚国基本继承了殷的文明。周王室命亲藩鲁国镇守东南，压制淮水流域的势力，所以山东、江苏一带的楚国可能因此而灭亡。《史记》记载，季连的子孙日渐式微，或融入中原，或成为蛮夷，这期间的系谱不明。直到周文王时期，鬻熊出现后，楚国的系谱才渐渐明晰起来。而这恐怕也是后世之说，即认为东南楚国曾经历过毁灭，其部族子民流落于各地。《史记》又记载，周王曾将丹阳封给楚国。这里的丹阳[③]，一般认为是湖北宜昌上游，但也有更古老的看法，认为是指安徽太平府。由此可推测，楚国曾一度逃亡至长江下游地区。

《国语·郑语》认为，楚国起源于熊严的第四子季纠（循）。

---

① 见《史记译·楚世家》脚注。——原注
② 见《逸周书·世俘解》。——原注
③ 见《汉书·地理志》。——原注

《史记》称其为"季询",认为当时是西周末期周厉王时期。而无论是《国语》的"季纠",还是《史记》的"季询",都意为楚国的始祖。

《左传》记载：

> 昔我先王熊绎，辟在荆山，筚路蓝缕，以处草莽，跋涉山林，以事天子，唯是桃弧、棘矢，以共御王事。

上述文字认定楚国建于西周初期。据沙畹研究[①]，"桃弧、棘矢"是驱除恶魔用的弓矢，"筚路"意谓暴露。楚国把周看作恶魔，居于荆山偏僻之处，奔走于山林草莽之间，防备着来自北方势力的压迫。这里提到的"熊绎"指的应该就是《史记》中的鬻熊，逃亡至湖北创立荆楚之人。如此看来，楚国在立国之初就和周王室有着难以两立的命运。

西周全盛时期，周昭王在位，他尝试远征荆楚，而此时恰逢楚国实力雄厚、国运兴隆。《左传》记载，公元前710年，春秋之初、鲁隐公时期，楚武王在位，讨伐周族属国随国（今湖北随县）。接着，楚文王即位，建都于郢（今湖北江陵），渡汉水灭了河南南部的申国。申国原本是周王室为抑制楚国势力而在南方

---

① 见《史记译·楚世家》脚注。——原注

封地建立的国家。楚成王时期，楚国派遣使臣去鲁国，即《春秋》所言"荆人来聘"。据《史记》记载，当时楚国首次向周天子进贡，天子赐其胙（祭肉），并对其说：

镇尔南方夷越之乱，无侵中国（中原）。

可以看出周天子对南方势力的恐惧。但只靠天子之言是难以压制楚国的。楚成王时期，齐桓公纠合北方诸侯国成功制止了楚国向北扩张。但齐桓公一死，齐国便陷入内乱，齐国公子七人[1]皆逃亡至楚国，楚国全部给予礼遇，封楚国大夫。此举表明楚国已脱离蛮夷身份，正式成为中原诸侯国。公元前659年，《春秋》有云"楚人讨郑"，"楚"作为国号首次出现。《公羊传》注者何休认为，当时鲁僖公和楚国有姻亲关系。

齐桓公为了抑制楚国势力，曾拉拢江（河南真阳）、黄（河南黄州）两国加入联盟。但齐桓公死后，黄国转眼就为楚国所灭。接着晋文公死后，江国也为楚国所灭。另外，祭祀[2]传说中的皋陶的六国（安徽六安），还有蓼国（河南固始）也为楚国所

---

① 见《左传·僖公十二年》。——原注
② 六国与蓼国皆皋陶之后，故奉祀皋陶。《左传·宣公五年》："臧文仲闻六与蓼灭，曰：皋陶庭坚不祀，忽诸。"——译者注

灭。"灭"指的是屠城和遣散部族①。当时中原诸侯面临楚国的侵略必然胆战心惊。但与此同时，楚国积极和中原诸侯通婚，遇到流亡到本国的别国之人都以礼相待，渐渐作为诸侯成为中原的一分子。

公元前618年，《春秋》有云"楚子使椒来聘"，由此便有了"楚子"的称呼。《公羊传》认为②，这表明楚国已经成为中原诸侯国的一分子。翌年，"楚子蔡侯次于厥貉"。厥貉③位于蔡国（河南上蔡）的西北面，宋国的东南面。关于此次会盟，《左传》记载，列席者有陈侯、郑伯等，目的是商讨伐宋事宜。宋公听闻大惊，于是邀请楚王到孟诸泽（山东虞城）狩猎。狩猎时，宋公和郑伯随行左右。当时，宋公因为一些小事没有处理好，还被楚国大臣训斥。在这种形势下，晋国赵盾努力集结中原诸侯之力，想要阻止楚国北上的步伐，继承晋文公遗志。但当时的晋国因贵族间的内讧，已然国力衰微；与之相反，楚国名君楚庄王横空出世，成就了霸业。

关于楚庄王（公元前613年—前591年在位）的霸业，《左传》和《公羊传》的看法不尽相同。主要有以下几点：

（一）公元前606年，《春秋》有云"楚子伐陆浑之戎"。

---

① 见《左传·文公十五年》中"凡胜国，日灭之"。——原注
② 见《公羊传·文公九年》。——原注
③ 见《左氏会笺》。——原注

《左传》认为，"陆浑之戎"原为居于甘肃敦煌一带的蛮族，为秦晋两国所灭，其族人流落至洛阳以南的伊水上游，也就是陆浑县一带，随后又为楚国所灭。和齐国伐山戎一样，楚国伐夷狄也有大篇幅记载。而比起伐陆浑之戎，《左传》中更详细地记载了其后楚庄王陈兵于周王都边境示威，周定王派使者王孙满前去，与楚庄王之间进行的关于九鼎之轻重的对谈。据相关记载推断，该故事至少是在公元前4世纪末^①周显王时期以后被记录下来的。楚庄王开门见山就想去观赏周鼎，但被王孙满巧妙地回绝。为了彰显楚国武力，楚王就说楚戟即便不要两个钩子，剩下的部分也足以杀敌。这表现出楚王之霸气。

（二）公元前599年，《春秋》有云"楚人杀陈夏徵舒"，与"楚子入陈"和"纳公孙宁、仪行父于陈"等事件密切相关。《左传》记载，夏徵舒是陈灵公之臣，其母夏姬与陈灵公有奸情。陈灵公的臣子孙宁、仪行父二人皆与夏姬有染。君臣三人竟裹着夏姬的贴身衣物在朝堂上嬉戏。有一天，君臣三人去夏徵舒家做客，酒过三巡，三人在席上就夏徵舒的容貌开起了玩笑。陈灵公说夏徵舒长得像仪行父，仪行父说夏徵舒长得像陈灵公。夏徵舒听罢戏言，一怒之下杀了陈灵公，成了弑君的罪人。于是，楚国便攻入陈国进行肃清，并放走孙宁、仪行父，后来这二人复

---

① 见《史记译·楚世家》脚注。——原注

夏姬

出自《百美新咏图传》

立了陈国。这二人与夏姬通奸，是导致陈灵公死亡的元凶，而楚庄王却命这二人复国，可以说是极其不明智之举。夏姬的故事在《国语》中也有记载①。事后夏姬为楚国所俘，在楚国也成了臣子三人争夺的对象，最终申公巫臣成功迎娶夏姬为妻。此人后来去了晋国，又被晋国任命为使臣前往吴国，教会吴军使用北方式车战法对付楚国，差点导致楚国灭国。这就和褒姒身上依附着夏王室灭亡的怨灵的故事一样，是围绕夏姬虚构的故事。关于此事的历史意义，《公羊传》认为②，夏徵舒弑君之后，晋文公虽为盟主却不去讨伐，而是楚庄王前去肃清，此乃霸主功业。《史记》以《左传》为基础，记载楚庄王最初是想要夺取陈国，但听了申叔时的谏言便放弃了这个想法，转为保全陈国。文中还引用孔子之言：

> 贤哉楚庄王，轻千乘之国而重一言。

可见楚庄王当时应该是想树立正面的英雄形象吧。

（三）公元前597年，《春秋》有云"楚子围郑"。前文提到过邲之战，这场战役是由郑国引发的晋楚之间的决战。《公羊

---

① 见《国语·楚语》。——原注
② 见《公羊传·宣公十一年》。——原注

传》明确描述了当时楚庄王的态度，大概是说楚国堂堂正正地赢了郑国，郑公摇尾乞怜，请楚庄王赐一块不毛之地了此余生即可。于是，楚庄王指挥楚军从城外撤退。楚国大臣认为，楚国郢都与郑国相去数千里，楚国此番远征折损了众多士兵，好不容易赢下战争，如果不灭了郑国人，怕是难以服众。楚庄王认为，君子求人而不求其地，拒绝了臣下的建议。恰逢晋军来袭，战争一触即发，楚庄王立刻备战。此时大臣又进谏，认为不可开战。楚庄王说，欺弱者而避强者，如何能立足于天下？结果楚国大获全胜。但楚庄王忧心百姓，便没有继续追击晋军。前文提到《左传》记载，晋军在战时，将领间意见不合，但楚军在楚庄王的统率下，上下齐心。楚军中军共编有乘广（兵车）三十乘，分为左右两边，采取轮班制。左广于鸡鸣之时（寅时）驾车，日中之时下车，此时右广驾车，于日落之时下车；左右两侧士兵所担职责不同。兵车右侧之人挟辕，负责战备；兵车左侧之人追求草蓐，负责宿卫[①]。斥候携带红旗和白旗，发现骑兵则举红旗，发现步兵则举白旗。中军是全军中负责指挥的组织。另外，楚庄王对郑国宽大处理的事迹亦有记载。总之，对于晋楚决战中楚庄王的态

[①]　原文见《左传·宣公十二年》："军行，右辕，左追蓐。"杨伯峻先生注曰："此有两义……盖兵车一乘有兵卒七十二人……而在右之三十六人，则挟辕而行（楚阵以辕为主，挟辕实即挟车），左右又各十八人，以备不虞；在左之三十六人则令追求草蓐以为歇宿之准备，此一义也。"——译者注

度，《左传》和《公羊传》都予以称赞。

综上所述，楚庄王成就霸业的意义在于：（一）楚庄王因其男子气概而彰显了中原道德；（二）楚庄王并未作为盟主而聚集中原诸侯组成同盟，所以其称霸形式与齐桓公、晋文公截然不同。关于楚国入主中原，经由郑国入侵宋国之际，《左传》《公羊传》有如下记载：

> 易子而食，析骸而爨。

此句简洁地描绘出国土之荒废。接着，《左传》极其简单地记载了楚宋两国的盟誓：

> 我无尔诈，尔无我虞（欺）。

楚国虽已被中原文明逐步同化，但作为崛起的异势力，还是改变了历史的趋势。事实上，在楚庄王称霸期间，各诸侯国疲于防御，以霸主为中心集结而成的"中原国体"早已不复存在。此为春秋前期，区别于往后的春秋后期。

春秋后期

8

春秋后期

《公羊传》主张三世说①，将春秋十二公共计二百四十二年（公元前722年—公元前481年）的历史划分为三个阶段，分别是衰乱世、升平世、太平世。该理论主要基于中原意识逐渐凸显且影响范围逐渐扩大的事实。在"衰乱世"，春秋主要以鲁国为主，认为鲁国为内，其他各国为外；在"升平世"，中原文明诸国为一个与夷狄相对立的整体；到了"太平世"，天下大同的思想认为，对中原文明诸国和夷狄应一视同仁。该理论从哲学的角度看待历史，内容十分复杂。但在春秋末期，长期被蔑视为夷狄的吴国最终成为中原霸主。由此看来，我们必须承认中原的地理范围已经包括了黄河流域及长江流域。在形成该局面前，必然经历一连串的历史事件。我认为，从楚国入主中原的公元前6世纪起，中原形势就开始产生巨变。

　　楚王凭借其果敢的行动和对军队的绝对控制，成为中原诸侯的一分子。这股不同于以往的南方势力，可以说是黄河流域旧文

---

① 见皮锡瑞著《经学通论》。——原注

明下的诸侯的一大威胁，各诸侯国已经很难通过传统的氏族国家联盟来确保自己的地位。我们首先必须要承认这个事实。

楚势力北上导致旧中原诸侯的秩序的混乱。最先称霸的齐国受到刺激，开始了侵略他国的行为。《左传》记载，公元前587年，齐顷公率军花了三天时间包围并攻下龙邑（泰山郡博县西南）。龙邑离鲁国国都曲阜很近，鲁国感受到危机，于是联合卫国一起求援于盟主晋国。因此，齐、晋在济南附近的鞍地展开大战。《左传》中详细地记载了此战的场景，从战争文学的角度来看是非常有趣的作品。齐国将军高固率兵突击晋军，投石俘获敌军将领，抢了兵车并系于桑树，同时大声喊道："欲勇者，贾余余勇。"齐顷公骑着没有上鞍的马冲进晋军统领郤克的军阵之中。郤克受箭伤，血都流进靴子里，但未停止击鼓。晋军张侯担心鼓声一停就会扰乱军心，于是左手执辔驾车，右手拿起鼓槌帮忙击鼓。

结果张侯没能很好地控制住战马，导致马在敌阵中横冲直撞。晋军士兵一看，连将军的车驾都带头冲锋陷阵，于是全军气势高涨，尾随其后，一举击溃齐军。《左传》《公羊传》中都如此记载，就在齐顷公即将被俘的时候，齐国大夫逢丑父当了替身，帮助齐顷公逃走了。尤其是在《左传》的记载中，详细描述了晋军将领韩厥抓齐顷公的替身逢丑父的情景。齐顷公化险为夷后，晋军中的狄卒都恐惧齐军，表面上装作打了胜仗，暗地里举着盾护卫齐顷公，放跑了他，足见齐军之勇猛。但最终还是晋军品尝到了胜利的果实，随后齐国立刻求和。《左传》《公羊传》都记载了晋军战胜齐国后提出的四项条件：（一）交出齐顷公之母萧同叔子（《公羊传》记载为"萧同侄子"）；（二）将齐国的田垄全部改为东西走向；（三）将齐国重宝纪甗献给晋国；（四）归还齐国侵占的鲁、卫之地。此时负责与晋国谈判的齐国上卿国佐最终接受了第三、四项条件，并与晋国缔结盟约。至于郤克为何会提出第一、二项条件，《左传》《公羊传》都有相关记载。此前郤克作为使者前往齐国时，遭受了齐顷公之母萧同叔子的嘲笑，郤克便向黄河之神起誓，必将报仇雪恨。由此看来，晋国讨伐齐国有一半是出于列国形势，另一半却是因为郤克的私人恩怨。所以郤克才会提出从国家层面来看过于苛刻的第一、二项条件。而这两项条件未能被接受，也是出于自古以来国与国之间所谓的同盟精神。话虽如此，但郤克的一己私欲便能左右列国形势，这一点是非常不可思议的。《左传》记载，郤克在战胜齐国之后，曾向周定王献捷，而周定王以讨伐兄弟甥舅之国，取得胜利也毫无意义为由拒绝接见使者。这是对郤克滥用个人权力的谴责。

总的来说，在这段时期，曾由西周确立的中原各封建诸侯的权威逐渐衰败，与之相对的是各国大夫权力的加强。古老的氏族制国家逐步转化为由以家族为中心的诸大夫的势力掌控的国家。因此，列国关系也开始因诸大夫之间的利害关系而产生动摇。夹在晋、楚之间左右为难的宋国，有一位大夫名叫华元，此人和晋、楚的大臣素有往来且交情颇深。公元前579年，华元在宋国西门外与晋国代表郤至、楚国代表子反缔结盟约，约定晋、楚两国要互帮互助，不再争斗，也不能禁止公使往来，两国对于不协不庭之徒都要施加相应的惩罚。这次会盟并不只有晋、楚两国，但盟约的核心明确了两国对等的地位，以图确保天下秩序。这与春秋前期基于盟主一人联合在一起的形式完全不同。但这样的盟约一般来说是不会持久的。《左传》认为，打破平衡主要是因为楚国背信弃义，但这未必就是事实。总而言之，春秋前期存在的那种霸权王授的形式已然消亡。公元前557年，《春秋》有云"大夫盟"。《公羊传》认为[1]，出席此次会盟的是各国诸侯，而孔子将其描述为"大夫盟"，足见列国间的信义其实是由诸大夫来维持的。虽不合理法，但当时各国国君确实略显多余。据《公羊传》记载，公元前6世纪中期，旧诸侯的权威跌落神坛，诸侯国开始由各国大夫运营。要探讨这种状态的原因，还需要回溯鲁国的历史。

---

[1] 见《公羊传·襄公十六年》。——原注

鲁国是周王室奠基者周公旦之子伯禽的封地。这里原本是殷的根据地，当地还残存着许多旧殷部族，是殷曾经为防御淮夷、徐夷等蛮族而设下的东南重镇。伯禽作为周王室近亲受封于此地，肩负着镇守东南的重任，需要统治旧殷部族、压制蛮族。《尚书·胖誓》又称《费誓》《鲜誓》，其中，"胖"和"费"都是指鲁国都城附近一带。据记载，该篇是伯禽准备讨伐徐夷之时，向军队及民众宣誓的誓词。"鲜"又作"獮"，是举行大型狩猎活动时的誓词，写作"鲜誓"可能是因为战时为了阅兵要举行大型狩猎活动。其内容主要有以下几点：（一）军队要好好整备甲胄；牛马要用来驮运粮草，切记不可伤害牛马；即使牛马和看守的奴隶都逃跑了，也不能擅自离开队伍去追；如果是没有军籍的普通人抓到了牛马和奴隶，就要归还给军队；严禁翻越墙垣去掠取抢夺他人之物；（二）居于鲁国郊遂的负责提供军饷的民众，应该贮备好粮草，护理好筑垒的器具，我们要在甲戌之日手刃徐夷。周公旦以礼治国，后世儒者便认为其子也是如此。但从这篇誓词来看，鲁国的使命是镇压东南蛮族。青铜器"沈子簋"的铭文记载，鲁国第四代君主鲁幽公的弟弟沈子灭姑蔑，并将其战功敬告父亲鲁炀公在天之灵，其中还提到了哥哥鲁幽公的赫赫战绩。这样的功勋恐怕周公旦和伯禽知道了也会赞赏有加。沈子后来受封于河南汝南一带。在西周的全盛时期，各国都和鲁国一

样是凭借武力侍奉王室，力图国家和族群的繁荣昌盛。

《春秋》所述历史始于鲁隐公，但"隐公元年"中并未提及鲁隐公即位一事。《春秋》在记录其他君侯时未曾出现这样的状况。《公羊传》认为，此举是基于孔子个人的想法，即孔子认为鲁隐公之母不是正室。当时只有在正室无所出的情况下，才会考虑立侧室中地位最高者的儿子为太子。

鲁隐公的异母弟为鲁桓公，照理来说立鲁桓公为太子更加合理，但当时鲁国人都希望鲁隐公即位。于是，孔子认为鲁隐公是先摄政，等到鲁桓公成人之时就禅让了国君之位，这是鲁隐公的贤明之处。子凭母贵，母之地位又由子决定，所以正室的出身和地位问题一直以来都备受重视，自然而然，正室娘家的姓也就很重要了。而据《公羊传》记载，《春秋·庄公三十二年》中提到鲁庄公正室（齐国哀姜）无子，鲁庄公宠爱鲁国异姓贵族党氏一族之女孟任，于是想立她的儿子斑（般）为太子。孟任的出身地位不高，于是鲁庄公就和弟弟叔牙商量这件事。叔牙却说：

> 一继一及，鲁之常也。庆父在，可为嗣，君何忧？[①]

[①] 《公羊传》与《史记·鲁世家》都有相关记载。此处引用《史记·鲁世家》的记载。——原注

意思是说在鲁国，正室无子的情况下一般由兄弟即位。鲁庄公还有弟弟庆父在，按道理应该是庆父即位。但叔牙的兄弟季友支持鲁庄公的想法，主张立斑为太子，于是假借庄公名义命针巫氏（巫甘）毒死了叔牙，并在其死后代为看护其后代。就这样，斑成了太子。但鲁国后续在面临继嗣问题时依旧内讧不断，一直到鲁僖公即位，情况才稍有好转。《公羊传》描述这段时期的鲁国"旷年无君"。

　　公羊学派并不赞同以正室为尊、主张"一继一及"的叔牙，所以对杀了叔牙但保证其家族延续的季友大加赞赏。我认为，公羊学派采取的批判态度和他们基于的史实并不相符。按照鲁国的习俗，"一继一及"本就可以分为父子相继和兄弟相继两种情况。

　　从《史记》记载的鲁国系谱中可以看到，叔牙的主张并无不妥。公羊学派认为，父子相继才是继承问题之根本，应该据此决定即位人选，故而季友的做法是正确的。从殷至周，即位规则基本都是父子相继，此为王室规则。关于诸侯的即位问题，需要得到王室的认可，所以可能并不存在固定的规则。随着诸侯权力的增强，王室对诸侯即位问题的干涉逐步减少，此时诸侯必须确立一套继承法则。季友主张父子相继，这安抚了鲁国公室，使鲁国免于内乱危机。与此同时，鲁国三家的势力也逐渐稳定下来，凌驾于公室之上，即季友的后代季孙氏、叔牙的后代叔孙氏，以及与王位失之交臂的庆父的后代孟孙氏。中国的历史学家认为，鲁国政权被此三家瓜分，极不合王法，导致鲁国陷入乱世。从封建制来看，这样的主张是合理的，但封建制本身便是适应时代的，食君之禄的诸大夫正是封建制的重要组成部分。在权力斗争中，三桓能够确立自己的势力范围也是顺势而为。不仅鲁国，在各诸侯国的诸大夫中，权力极盛者都可以干涉国政。因此，春秋后期的历史可以说是由诸大夫暗中操控的国家之间的历史。鲁国三家开始掌权后，鲁国中央集权的倾向也愈发明显。比如公元前594年，《春秋》有云"初税亩""冬蝝生"。这在学界引发了激烈讨论，学者们认为这两句和田赋制度有关。《公羊传》记载，鲁宣公亲自巡视土地，看到农作物欣欣向荣，就规定按土地的亩数来征税，但此税负担远超自古以来被认为公正的税制什一税。我们先不讨论此时各诸侯国是否都推行了授田制，但隶属于王侯的农民们需要耕种公田并缴纳什一税是事实。一旦开始按照亩数和农作物长势来征税，那么将不再有公、私田之分。一直以来通力合作的村落，今后会基于个人所持有的私田来缴纳税款。我不知道这种现象以经济学的角度来看，是进步还是退步，但此举肯定增加了国家的财政收入。《公羊传》认为，"冬蝝生"的描述说明了这是一项恶政，所以才会引发天灾。另外公元前592

年，《春秋》有云"作丘甲"。"丘"为地名，此地有村落。这里说的是要求村落负担起军赋。公羊学派肯定管仲曾提出的区分"士农工商"的政策，所以谴责鲁国这种让非军籍的农民也负担军赋的做法。这样的解释未必全面，我们也可以认为，让除专属于王侯的技术工人以外的农民也来制作铠甲，属于一种对传统制度的突破。后来，田赋作为通行的赋税项目而存在（出自"哀公十二年"）。就这样，鲁国继承了周王室作风，其中央集权逐步加强。公元前562年，《春秋》有云"作三军"。关于这一点，《左传》和《公羊传》的看法虽不一致，但统一的一点是，都认为这是扩增军队之意。由此可见，春秋后期诸侯国的国家权力都十分集中。

9

汉族抗蛮及弭兵会议

春秋前期由齐桓公开启的霸主时代，其特质在于中原诸侯结成同盟以期维护共同文化。汉族习惯称威胁到中原文化的异族为蛮夷。那么，蛮夷具体指什么？一般认为，以汉族为中心，围绕四周的东夷、南蛮、西戎、北狄就是蛮夷。该定义多为后世所采用。在该定义下，夷、蛮、戎、狄就仅仅是为了区分方位而取的异族名称。但蛮夷的名称并不是单纯的概念，而是有实际意义的，不过后世关于蛮夷所指具体部族确实尚未有定论。大体上来看，夷的称呼早在殷朝就存在，盘踞于山东一带，与汉族纷争不断。另外还有"淮夷""徐夷"等称呼，说明后来成为强势诸侯国的徐国和楚国可能属于夷族。蛮主要指南方异族，由汉族强大的同化能力带来的势力扩张，导致蛮族不断被同化或者被迫往南迁徙。与汉族争斗激烈、难以被汉族同化的，主要有生活方式完全不同的戎和狄两类。犬戎，也是后来被称为匈奴的族群，和分布在山西南部至河南北部的各个戎族属于同系种族。而更靠近东北边境的山戎具体指什么，还有待今后的研究。

在中国古代，汉族将处于陕西、山西南部、河南北部与汉族杂居的异族统称为戎，将活跃于山西、河北、河南、山东西部的异族称为狄。其中，狄在春秋时期对中原诸侯产生的威胁最大。接下来概述汉族和狄族的斗争史。

公元前616年，《春秋》记载鲁国的叔孙得臣在咸大败狄军。关于这件事，《公羊传》和《左传》都有相关记载。《公羊传》认为[1]，叔孙得臣打败的狄属于长狄，长狄有兄弟三人：一人领兵进军齐国，被王子成父击溃；一人领兵进军晋国，后续不得而知；还有一人领兵进军鲁国，就败给了叔孙得臣。据《左传》记载，负责入侵鲁国的长狄叫乔如，是鄋瞒族的首领。在春秋时期以前，鄋瞒族就横行中原，其首领缘斯为宋武公所杀。之后乔如的弟弟荣如被齐国斩杀，季弟简如被卫国斩杀，哥哥乔如则死于鲁国之手。还有一个叫焚如的弟弟后来为晋国所杀。至此，长狄一族尽数灭绝。《左传》认为，荣如被齐国斩杀是在公元前696年，而经过了八十年，哥哥乔如才为鲁国所杀，这是不合理的。《史记》如此解释[2]，认为这主要是为了表现鄋瞒族长期骚扰齐、鲁、卫、晋等国，对汉民族的日常生活造成了威胁。中国学者综合分析了许多资料，认定鄋瞒就是夏朝的防风氏、殷

---

① 见《公羊传·文公十一年》。——原注
② 见《史记·鲁世家》。——原注

朝的汪芒氏。关于鄋瞒的系谱传承，我们没有必要去过多地探讨。所谓长狄，就是指身材高大的狄人。关于有此特征的狄族和一般的狄族是否属于同族，本文认同顾栋高的看法①，即狄族根据具体情况，会分别写作赤狄、白狄、长狄，但单称"狄"时往往指代赤狄，白狄、长狄则从属于赤狄。之所以称为"长狄"，可能是因为身材高大、骁勇善战的狄人使中原诸侯产生了心理阴影。综上所述，狄族的核心应该是赤狄。毁灭赤狄的就是以山西为根据地的晋国。

《春秋》记录，公元前598年，晋侯与众狄盟于攒函。据《左传》记载，此时众狄正苦于赤狄的压迫，心生怨愤，纷纷归附于晋国，于是晋侯就在攒函同众狄首领会盟。赤狄的统治逐渐衰微，众狄认为依附于晋国能使自己的利益最大化。

《春秋》在公元前594年和公元前593年分别有以下记录：

> 晋师灭赤狄潞氏，以潞子婴儿归。
> 晋人灭赤狄甲氏及留吁。

《左传》记载②，赤狄潞氏的根据地在今山西潞安。该地以

---

① 见《春秋大事表》。——原注
② 见《左传·宣公十五年》。——原注

前是黎侯管辖的汉族国（古黎国）。后来不知怎么就灭亡了，国
人只得苟活于卫国境内，继续祭祀祖先。曾让卫国和邢国不得不
南迁的就是赤狄潞氏，其势力之强大，迫使晋国都将公室女子嫁
与其首领。时任潞氏首领的潞子婴儿的夫人正是晋景公的姐姐。
她因触怒潞子而被刺瞎了双眼，晋国一怒之下灭了潞氏。包括潞
氏同族的甲氏及留吁，也被晋国一网打尽。关于此战的详细记录
暂时还找不到相关文献，只知道指挥作战、享有军功之人会受到
极大的赏赐。由此可见，晋国十分重视此次战役。竹添光鸿认
为[1]，潞氏的土地被赐给了军功显赫的士会。士会家族后又被称
为范氏，是晋国异姓旧族之首。范应该是潞安一带的一个地名。
当时正值楚庄王称霸中原，晋国公然与楚国争霸，因歼灭狄族而
获取了一定的利益。我们暂且不论晋国作为一个国家采取这样的
方针政策是否正确，这恐怕是晋国的诸大夫想要通过这种对外的
征伐来攫取利益、扬晋国威风。消灭潞氏后，晋国继续对赤狄余
众进行扫荡。大概在公元前588年[2]，晋国终于扫清赤狄。在灭了
赤狄之后，晋国开始接触居于今山西大同至蔚州一带的山戎。针
对山戎，名将魏绛采取"和戎之策"。

公元前569年，山戎无终子遣使来晋，携虎豹之皮请和。魏

---

① 见《左氏会笺》。——原注
② 见《左传·成公三年》。——原注

绛认为"和戎"之策为上，主要是因为：（一）戎狄是寻求水美草肥的游牧民族，重财货、轻土地，可以用钱财换取他们的土地；（二）与戎狄维持和平局面有利于边境安泰，农民更能集中精力于生产；（三）使戎狄归附于晋国，能借其武力威慑其他诸侯。虽然晋国重臣中也不乏主战论者，不过最终还是达成一致，采取了"和戎"政策。除了赤狄余众鲜虞在中山（正定一带）势力尚存，晋国基本上已经扫清山西、河南北部的蛮族，或将其收于麾下。

那么，在与蛮族抗争的同时，中原诸侯的情况又如何呢？面对山戎问题，正是晋悼公（公元前572年—前558年在位）采取了魏绛的"和戎之策"。《左传》《国语》等对晋悼公的赞美之词数不胜数。随着诸大夫的权力不断扩大，彼此之间纷争四起，正当国家机关职能失效之时，晋悼公站出来匡正时弊，重塑社会秩序，整顿诸大夫家族的不正之风，并且选拔贤才任职。因此，到了晋悼公一代，晋国又重回中原盟主之位。然而，和以前相比，时代已经发生了巨大转变。此时各诸侯国都在想尽办法让自己强大起来，其中尤以东齐、西秦为最。两国的领土逐渐扩展，是除南北对立的晋楚两国以外的又一大势力圈。前文提到，齐国在鞍之战中败给晋国，之后齐顷公就洗心革面，开始大刀阔斧地改革内政。到其子齐灵公即位时，齐国国力比以往强盛许多。《左传》对齐灵公的评价多为负面，这可能是因为他的谥号"灵"。

青铜器"齐镈钟"铸造于齐灵公时期，无论是其精良制作，还是铭文内容，都彰显了齐国国力之强盛。《左传》中还记载了周灵王赐予齐灵公的策命辞：

> 昔伯舅大公，右我先王，股肱周室，师保万民，世胙大师，以表东海。王室之不坏，繄伯舅是赖。今余命汝环（灵公之名），兹率舅氏之典，纂乃祖考，无忝乃旧。敬之哉，无废朕命！

面对齐灵公崛起的威胁，晋国选择伐齐。据《左传》记载，此战晋国获胜，但其中细节疑点众多，还需要仔细推敲。在晋悼公时期，齐国可能并没有叛晋。晋悼公死后，正逢齐庄公即位，齐庄公对晋国展开反击战。齐军自河南北部翻越太行山，突进泌水流域，擒杀了许多晋人。秦国和晋国之间也是大小战争不断。秦国战力逐渐增强，趋于进攻，而晋国却转为防守。春秋列国开始转为互相牵制的状态。在列国之中占据重要地位的郑国，由贤人子产带领着举办了许多国与国之间的重要活动。对内主要是为了维护统一，对外充分保障本国利益，尽量维持列国局势的平衡，这可以说是一种国与国之间的外交形式。同时，和郑国一样在列强中占据一席之地的宋国，其大臣

向戌提倡召开弭兵会议。在一段时间内，该会议的内容成为列国之间外交的准则。弭兵会议的召开，首先要说服晋楚两国诸大夫同意以弭兵为目的参加会议；而后知会齐秦两国，于宋国都城附近举行会议。一众小国也都出席了此次会议。当时楚国主张，晋楚两国应该各自率领依附于自己的诸侯国参加会议，划定自己的势力范围，希望晋楚能以对等的地位与会。对此，晋国提到齐秦两国，认为它们有与晋楚两国相当的地位。面对强势的楚国，晋国希望拉拢齐秦两国来与之抗衡。然而，楚王还是命赴会的使臣贯彻自己的想法。会议上首先歃血的是楚王，所以楚国可以说是此次会议的主导者。会上，齐国和宋国要求承认邾国、滕国分属于齐、宋。可见，实力弱小的附属国即便是拥有正统传承的封建制诸侯国，也不再有资格独立列席会议。此次会议的最终结果是，确立了各大国的势力范围，并规定偃武休兵，以期维持和平局面。会议圆满结束，向戌返回宋国领赏，但宋国宰相并不认可会议精神，认为这是空有弭兵名头，实则懈怠军务。而据《左传》记载，向戌本人也赞同此看法。公元前546年召开的弭兵会议酝酿出的和平氛围，对后续历史产生了重大影响。对大诸侯国势力的认可，是封建制的一大变革。

10

弭兵会议后的列国形势

宋国向戌提倡举行的弭兵会议在一段时间内保证了列国局势的和平。会议首先划定了强国的势力范围，其次规定各小国应依附于晋楚两国。那么会议内容是如何落实的呢？

据《左传》记载，翌年（公元前545年），齐、陈、蔡、北燕、杞、胡子、沈子、白狄等朝拜晋国。其中，蔡、陈、胡（安徽阜阳县归姓）、沈（河南汝阳县）等国位于楚国势力圈内。可以看出，此举遵循了弭兵会议规定的"晋楚之从，交相见"。同年，依附于晋国势力的鲁国也派使臣前往楚国朝拜。而夹在晋楚之间独来独往的郑国的态度，对列国形势有着极大影响。《左传》记载，郑国遣使游吉前往楚国。根据弭兵会议的规定，郑国依附于楚国，所以朝拜时应当由国君亲往。于是，楚国以此为由，认为游吉没有资格谒见楚王，将他拦在了汉水之浒。相较于会议的条款，游吉更看重会议精神，他对此提出抗议：（一）大国应为小国谋利；（二）稳定小国的社稷；（三）安抚小国的人民；（四）如此大国才能得到上天的庇佑。我们郑国现在正遭受饥荒，你们却要求我们的国君放弃守卫自己的疆土和人民，跋山涉水前来朝拜，即便是楚王也不忍心这么做吧。游吉以小国利益为出发点，活用弭兵会议的条款，想要说服楚国。但楚国充耳不闻，还是将他从汉水之滨赶了回去。面对楚国如此强硬的态度，郑国终归还是屈服，由贤者子产陪同郑国国君入楚，又派游吉去晋国说明情况。子产向楚王阐述了小国侍奉大国的态度：

> 说其罪戾，请其不足，行其政事，共其职贡，从其时命。

而大国对待小国则应：

> 宥其罪戾，赦其过失，救其菑患，赏其德刑，教其不及。

这说明在当时，将"研读典籍来教养人"的人文观念引入条约之中，以期平衡列国势力、构建太平的天下，这是一种明智的方针。公元前541年，以晋楚两国为首，列国诸侯在郑国虢地（河南荥阳）会盟。《左传》认为，此次会盟是对弭兵会议达成的宋盟的巩固。可见此时弭兵会议还在发挥它的作用。而关于后来会议盟约遭全面毁弃的标志，《左传》记载了楚国令尹子围弑君篡位、号令诸侯。《左传》记载说子围杀死了继兄长康王之位的子员，《韩非子》中也有相同的记载。《春秋》仅简单记录了"楚子麇卒"，并没有写明他是被杀。所以我对公子围弑君的真相尚且存疑，《左传》中那些以公子围杀了子员为前提叙述的故事更接近于小说。但公子围（楚灵王）的即位应该是采取了一些非常手段，所以他常被称为暴君，同时又是个直情径行的人。比如，楚灵王曾大兴土木建造章华台，收容许多豪族的流亡之人，其中有一人是从芋尹无宇（《国语》称"范无宇"）的府中出逃的。于是，无宇前去索人，结果守卫没有把人交给他。无宇没有理会守卫，直接把人押走，并立刻谒见楚灵王，直言窝藏流亡之人于法理不合。楚灵王听了打趣道："你把他领回去吧，现在强盗（指楚灵王自己）还身处高位呢，你恐怕很难做什么。"此外，有武官谏言楚灵王，认为他太过奢靡，楚灵王为此懊恼不已。楚灵王可以说是个让人又爱又恨的人物。就是这样的楚灵王，到了后期，还是想要成为像楚庄王那样的霸主。于是在公元前538年，楚国于申地（河南南阳县）与十一国诸侯会盟。这次会盟举行之前，楚国特意派使臣告知晋国，楚国可能会因种种原因不得不违背弭兵会议的盟约。对于楚国的一面之词，尽管有损大国颜面，晋国最终还是同意了这次会盟的举行。楚国召集郑国子产、许国国君等一同前往云梦泽举办大型狩猎活动。云梦泽[①]是位于湖北南部的广袤湿地。当时子产就预言晋国必会屈服于楚国的强势。[②]晋国国君一向贪图安逸，不会考虑诸侯的安危；而且晋国大夫都在各自逐利，并不会匡扶国君。这一说可能是后世粉饰，但我们仍能窥见一些真实情况。

　　申地会盟的主要目的有：（一）楚国此时正渐渐得势，遭到吴国有意针对，所以楚国必须马上采取对策。当时北齐、南吴、西楚的势力交汇之处在徐国，所以楚国当务之急是要在徐国树立威严，于是楚国在会上控制住了徐国国君。（二）吴国收留了从齐国出逃的庆封。庆封背靠吴国支持，在长江以北逐渐扩大其势力范围。庆封有过弑君的劣行，所以楚灵王以作为霸主应讨伐肃清庆封为名出兵，实际上是想要打压吴国势力。因为这两个理由，楚灵王毁弃了弭兵会议的约定，开展了新的作战行动。《公羊传》注释者何休认为，申地会盟将讨伐庆封作为目的之一，是楚国在替天行道，做了中原诸侯都不敢做的事，所以对其大加赞赏。紧接着，公元前534年，楚国灭陈。时值陈国内乱，陈哀公的弟弟公子招杀了陈哀公的太子，陈哀公也自缢而亡。于是，陈国人请求楚国出兵肃清内乱，楚国借机将陈国的土地占为己有，

---

① 参见王先谦著《汉书补注》。——原注
② 见《左传·昭公四年》。——原注

并没有遵循一直以来的存亡续绝传统。公元前531年，楚国不以任何名义就灭了蔡国。陈国和蔡国都是传承正统的诸侯国。楚灵王越来越频繁的侵略行动在列国间掀起轩然大波，让诸侯国都为之恐惧，就连晋国都没有轻易采取任何行动，从而使楚国的国力更加强盛。为了压制新兴的吴国，楚国在乾溪（安徽寿州）兴建宫室。也有说法认为，这里的宫室就是前文提到的章华台[①]。宫内收容了各国的流亡之人充当守卫。楚灵王为了权力造成了太多的牺牲，所以国人都对他怀恨在心。而且楚灵王远离国土都还要过着穷奢极欲的生活，更引得民众愤愤不平。于是，楚灵王的弟弟弃疾借陈、蔡豪族之力起兵谋反，楚灵王被逼得在外流浪，最终自杀而亡。楚国霸业化作梦一场，之后的列国维持了一段时间的和平局势。这个时期，各国诸侯都忙于解决本国内乱，根本没有余力关注其他。就在此时，一直被视作南方蛮夷而受尽轻视的吴、越两国以迅雷不及掩耳之势挺近中原地区。

---

① 见《春秋繁露·王道》《淮南子·泰族》。——原注

11

弭兵会议后的社会

前文已就弭兵会议后列国的政治局势进行了论述，接下来将更进一步探讨列国盟约引起的一些实质性的转变。在当时的各诸侯国，原本由君侯权威把持的政治，已然开始被诸大夫之间的利害关系影响。而楚、吴、越等南方诸国的君侯权力依旧占据高位，所以楚灵王对称霸抱有野心。中原各国的举动多与各国大夫家族派系的利益相关联。前文也提到了，在鲁国，三家势头强过公室，导致公室在决策时几乎没有话语权。中原北部诸国都有这样的势头。关于这段历史，可以从晋国贤人叔向（羊舌肸）和齐国贤人晏婴的对谈中窥知一二。

　　公元前539年，齐国晏子使晋，叔向负责接待。宴席上，二人敞开心扉就国势、国运进行了一番探讨。叔向询问晏子齐国的近况，晏子回答齐国公室已到末世，陈氏一族可能会取代齐国公室。"陈氏收买人心，齐国国君已经被百姓放弃了。陈氏在给百姓分发粮食的时候，用的是比公室常用的量器更大的量器；而向百姓征收粮食的时候，用的还是公室常用的量器。此外还低价贩卖鱼盐、木材，笼络了民心。与之相比，齐国公室的苛税严刑致使饿殍载道、民怨四起，所以陈氏终将统治齐国。"叔向听了也说："晋国公室也已经走到尽头。曾经称霸中原的晋国现如今连驾起战车、征伐四方的余力都没有了。百姓疲乏，公室骄奢。晋国曾经的股肱之臣栾、郤等八家的后代现在都沦为差役。晋国公室真的要衰败了。"晏子听了便问他打算如何克服困难，叔向回答说很难有所改变。"晋国的公族已经完了，我一族有十一支，如今只剩羊舌氏。而我又没有子嗣，怕是以后都不会有人祭祀我。"事实上，据《左传》记载，羊舌氏不久之后也灭亡了。各诸侯国或是因为公族分支得势，或是因为异姓家族得势，原因不尽相同，但结局都是君侯独裁的衰落，诸大夫开始把控政治实权。

齐桓、晋文霸业之目的是以同盟团结诸侯，而这必须以国君的权威为前提，那么"存亡续绝"自然也就成了霸主应尽的义务。然而，诸大夫得势后，基于现实利益，列国之间的关系必然变得复杂。比如，齐国大夫乌余叛逃，将廪丘（山东范县）献给了晋国执政范宣子（士匄），借晋国之威侵占了鲁国的高鱼（郓城以西）和卫国的羊角（范县东南），这就是一个偏僻之地的大夫仗着别国大夫之势搅动列国局势最终引发纠纷的例子。在当时，这样的事时有发生，也正是如此，诸大夫联手维持国家安定的想法亦很坚定，所以才需要一些能够巩固国家中央集权的政

晏子

出自《历代名臣像解》

策。关于乌余事件，接替范宣子成为晋国执政的赵文子（赵孟）指出范宣子的不正之处，要求乌余归还侵占的高鱼、羊角和廪丘，并由齐国重新将廪丘赐封他人。这么看来，利益纠葛之中尚且存有一丝正义。曾经君侯代表国家，而现在诸大夫之间的利害关系决定国家之间的关系；曾经的国家具有宗教性威严，而现在国家的宗教性正在被民心向背的观念取代。我将之命名为人类主义。公元前509年的宋、薛之争最能体现这一点。当时周王室预备营建王城，于是晋国执政范献子（士伯）命北方诸侯各自负担一部分工费和劳役。宋国仲几对此提出异议，认为这些应该由宋国的属国薛国负担。因为在弭兵会议上，薛国依附于宋国，并且在鬼神的见证下举行了结盟仪式。薛国对此提出反驳，通过讲述本国的历史，主张本国的独立性，并且引用了晋文公的践土之盟，证明本国并不是宋国的属国。宋国仲几引用弭兵会议的结盟仪式并强调其神圣性，这本无可厚非，但范献子认为，宋国以鬼神为证压抑了人性，而薛国以文献为证正是追求人性的表现，因此判了薛是宋非。可以看出，比起形式化的结盟仪式，时人更认同文献具有的历史权威性，这是追求人性的表现。宗教性在当时已不再占主导地位，所以仲几企图以鬼神论证盟约权威性的主张，被基于史实的人类主义排斥。

人类主义倾向最明显的不止有前文提到的齐国陈氏施恩于民

的例子，还有郑国执政子皮在郑国饥荒之际，给每户分发粮食一钟，从而得到百姓的爱戴的例子[1]。另外，宋国子罕也在饥荒之际请示君侯，希望公室和诸大夫能将粮食借给百姓[2]。他自己也借出了粮食，但不写借据，还帮助士大夫中遭遇困难的人。因此，宋国也没有人饿死。关心民意成了当时的流行风尚。随着人类主义逐渐兴盛，迷信思想遭到排斥。曾有彗星出现在大火星附近，预示着要发生火灾。当时的天官们举行了各种仪式祈求上天的启示，希望能免除灾难。[3]对此，郑国子产表示：

> 天道远，人道迩，非所及也，何以知之？

可以看出他并不迷信。齐国晏子也有许多排斥迷信的故事。在这个时期，最能代表时势所趋的，就是子产和晏子的言行，所以我择其一二进行阐述。

郑国设置了被称为乡校的地方学校，学生们常会聚在一起批判时政，于是便有人向子产建议毁了乡校。子产说："为什么要毁？他们如果说得有道理，我们就要采纳，改正不好的地方。我们竭尽所能，这世间的怨愤自然会减少。用强权是平息不了怨恨

---

① 见《左传·襄公二十九年》。——原注
② 同上。——原注
③ 见《左传·昭公十八年》。——原注

的。"①可以看出子产十分认可书生的言论自由。另外在《晏子春秋》中记载了②晏子与晋国叔向的对答，接下来我将阐述其中两则。一则，叔向问晏子事君之道；另一则，叔向问晏子处乱世之法。关于事君之道，晏子认为，贤能之人无关乎身在朝堂上还是乡野间，即便身处田园之中，只要其行为符合德行，那就是尽了一份责任。叔向追问，身处乱世很难追求正义，如果要追求正义，那么往往会忽视人民的利益，这时又该如何选择。晏子认为，只要将人民的利益放在第一位，那就没有不正当的地方；忽视人民的利益，那就不可能是正义。有一年冬天，大雪下了三天三夜，天寒地冻。齐景公裹着白裘端坐于朝堂之上，晏子进谏，希望能把国库中的粮食分发给饥民；且命令官吏不问城乡、不问姓名，只要是任职者则分发一个月的粮食，身染疾病者则分发一年的粮食。从晏子救民的例子来看，当时的贤臣们都非常重视百姓，关注民心民意。据《左传》记载③，有一个叫裨谌的人常向子产献策：

　　　　谋于野则获，谋于邑则否。

---

① 见《左传·襄公三十一年》。——原注
② 见《晏子春秋·内篇问下》。——原注
③ 见《左传·襄公三十一年》《淮南子·说山训》。——原注

裨谌主张应该广泛倾听乡野间百姓的意见。这说明在现阶段，仅听取城内百姓的意见已经不能适应时势了。

在对外方面，和平运动的频繁爆发，要求各诸侯国的大夫积极采取外交举措。在人类主义觉醒的那个年代，注重自然法则的政治论兴起。在外交活动结束后，参与国往往会举行宴会。而为了加深列国之间的感情，使用考究的语言、态度也就成了必须。这一点主要体现在士大夫在交际时常以《诗经》作为沟通依据上。而所谓注重自然法则的政治论则主要体现在对礼的重视。

前文提到，在公元前541年举行的虢地会盟，楚国占据主导地位。据《左传》记载，会后，在会议召开地郑国举办了一场以晋国代表赵孟为主宾，鲁国、曹国使臣作陪的宴会。会议主要交由鲁国大夫穆叔负责，子皮从旁协助。穆叔首先赋《鹊巢》（引自《国风·召南》），取"维鹊有巢，维鸠居之"一句，意指因为有赵孟治理晋国，小国才有所依靠，以此来称颂赵武。赵孟立刻谦逊地表示不敢当。接着，穆叔又赋《采蘩》（引自《国风·召南》），将郑国比作虽然微不足道但能用来祭祀祖先的蘩草，表明只要晋国能爱护小国，那么但凡它一声令下，郑国便能鞍前马后。随后，作为宴会辅佐的子皮赋《野有死麕》（引自《国风·召南》）末章"舒而脱脱兮，无感我帨兮，无使尨也吠"一句，意思是说要是你们晋国态度温和，我们郑国就没必要

"挥舞手帕，引得狗儿乱叫"。据注释者所言，在虢地会盟之时，楚国代表公子围（日后的楚灵王）的态度积极强硬，导致郑国大夫倾向于依附态度温和的晋国代表赵孟。"无使龙也吠"的"龙"就暗指楚国。最后，赵孟赋《常棣》（引自《诗经·小雅》），取"凡今之人，莫如兄弟"一句，并加以解释：

吾兄弟比以安，龙也可使无吠。

意思是说，郑国和我们晋国都是周王室的分支，只要我们亲如兄弟、和睦相处，楚国这种国家也不会像野狗一样乱吠了。穆叔、子皮和曹国大夫闻言都站起来，举起犀牛角酒杯说："我等小国仰仗您就能幸免于难。"大家享用美酒，在一片欢声笑语中结束了宴会。赵孟还感叹以后再难有这么快活的时候。这个例子说明，当时的士大夫在宴会上常以赋诗表达自己的想法，在无形之中对中原文化的形成起到一定的推动作用。

士大夫之间主要通过宴会来交流感情，而在正式会议中，关于礼的问题就非常复杂了。首先来看《左传》中关于威仪和礼的讨论。卫国的北宫文子曾出使楚国[①]，见到楚国的令尹公子围分明只是下臣，其威仪却好似国君一般，于是加以批判："威是指

---

① 见《左传·襄公三十一年》。——原注

心存敬畏，外显则为仪。于是人们观'仪'便能采取合适的行动。君有君的威仪，于是下臣会敬畏他、爱戴他，国家才得以保存；臣有臣的威仪，于是下属会敬畏他、爱戴他，官职才得以保存。《诗经·邶风·柏舟》中有这么一句'威仪棣棣，不可选也'，这是说君臣、上下、父子、兄弟、内外、大小都有各自的威仪。周朝始祖周文王就是典型的人君。"该主张认为，在"威仪"中，敬畏反映了一种宗教思想，它和外在的仪式之间有着不可分割的关系。周王室恐怕是最完美地继承了其中文化精神的存在。鲁昭公前往晋国时，小到任何仪式都亲手操持，全无失礼之处。[①]晋侯对其赞赏有加，但女叔齐不这么认为：

> 公室四分，民食于他。思莫在公，不图其终……而屑屑焉习仪以亟。言善于礼，不亦远乎？

意思是说，鲁国三家专横，国家政权一分为四，没有人希望鲁公能得善终。而鲁公在这种危急关头还要执着于仪式，这并非礼的本意。可以看出女叔齐对外在仪式的尖锐批评。赵简子曾就"揖让、周旋之礼"问郑国的子大叔，子大叔回答道：

---

① 见《左传·昭公五年》。——原注

是仪也，非礼也。……吉（子大叔）也闻诸先大夫子产曰："夫礼，天之经也，地之义也，民之行也。"天地之经，而民实则之。

子大叔认为，礼不在于威仪，而在于天地法则；在政治方面，则表现为体恤民情、忧国忧民。晏子进一步阐述了礼与实际利益的关系[①]：

在礼，家施不及国（大夫不应滥用私惠），民不迁，农不移，工贾不变（守常业），士不滥（不失职），官不滔，大夫不收公利。

君令臣共，父慈子孝，兄爱弟敬，夫和妻柔，姑慈妇听，礼也。

与传统的威仪不同，现阶段的礼更注重人伦。当时的人士强烈意识到，礼必须被赋予新的含义才能够起到安邦定国的作用。我将有这样的想法的人称为新封建论者。他们企图在新的层面孕育出全新的封建制。

礼被视作国家和社会成立的原则，而与此同时，作刑书以法

① 见《左传·昭公二十六年》。——原注

治国的思想也逐渐兴起。公元前536年，郑国子产作刑书公示刑法。晋国的叔向听说之后，写了一封信给子产，称如果将法律明文公布出来，百姓就会想着怎么钻法律的漏洞。子产回复说，自己并没有想得那么长远，现阶段要救世，作刑书势在必行。子产还曾作丘赋[①]，让生活在村落之中的农民也负担一定的兵赋。这破坏了传统的什一税，引来百姓一片唾骂。子产不为所动，表示只要自己做的是有利于社稷之事，哪怕生死也能置之度外。在当时的社会，公示法律明文应该是必要的。公元前513年，晋国执政赵鞅搜集一鼓铁（一鼓为480斤）用于铸造刑鼎，将从前的执政范宣子（士匄）制定的刑法明文公之于众。《左传》引用蔡史墨、孔子的话对其进行批判。但对于当时的政治家来说，公示刑法已是时势所趋。

上述内容都是传统的旧秩序在崩坏之时，必然会引发的现象。孔子的活跃期恰巧也是在这个时期。孔子构建了伟大的学统，为万世师表，享后世景仰。而我们必须意识到，孔子能够有此成就，少不了时代风潮的暗中影响。传统在发生转变之时，也蕴藏了将来的发展方向。然而从政治方面来看，当时可谓混乱的时代。尤其是弭兵会议暂时为列国社会带来的小康时局，因楚灵王无情毁约而终止，春秋列国都苦于内乱。关于这一点，有必

---

① 见《左传·昭公四年》。——原注

要另起一章单独说明。回到正题，随着内乱的频繁爆发，因内乱而败退的家族很容易移居别国，在别国一展宏图。当然，这样的情况比比皆是。以前，移居别国的家族依然会保留祭祀宗祠的传统。但这个时期是一个列国联合起来构筑同盟关系的时期，而且各个国家更是由国内拥有不同传承的家族联合起来构筑的。那么，一旦这种结盟和联合的形式遭到破坏，一个国家就很容易因诸大夫之间的利害关系而发生动摇。内乱的牺牲者会依托于别国大夫，于是诸国大夫之间的关系和国家利益密切结合，导致内乱愈加复杂。既然同一个国家中的大夫之间利益一致，在内乱之时败走别国的人也就没有必要执着于母国宗族的祭祀问题，反而希望通过在别国作为下臣辅佐君侯，为自己的家族谋发展。就这样，家族制取代了氏族制，我们常说的中原人诞生了。而中原人为了构建起国家，前途多舛，必须历经长期的乱世。

12

楚灵王死后的列国形势

楚灵王灭陈、蔡，围徐，攻吴，并自称霸主召集诸侯会盟，而东边的鲁、卫、曹、邾却没有出席。曾借周王室一族之力灭了楚国的同类，从而兴起的郑国，已全然臣服楚国。可以说，楚国也算是一雪前耻。楚灵王死于内乱后，即位的是弃疾，也就是楚平王熊居。《国语》中几乎没有关于楚平王的记载，而《左传》的表达趋于同情。《史记》[①]总结了《左传》的内容如下：

> 施惠百姓，复陈蔡之地，而立其后如故，归郑之侵地，存恤国中，修政教。

从上述种种举措可以看出，这是一个中原传统霸主会推行的嘉政。此外，《左传》还提到，楚平王在晋国广受称赞。比如公元前536年，他作为令尹出使晋国时，贴心地为晋国诸大夫送去了礼物，还叮嘱随从在行路途中不可随意取用薪柴和粮食，也不

---

① 见《史记·楚世家》。——原注

可毁坏房屋导致百姓流离，所以晋国对他的态度十分友善。但晋国曾有过派使者出使楚国之时，遭楚灵王虐待的不堪过往，于是国内也有人主张要趁这次弃疾来晋之时算算这笔账，不过最终还是因为其善行而作罢了。《左传》对楚平王的赞赏应是基于他遵循了中原文化的传统这一点，可以看出当时中原文化已渐渐渗透进楚族之中。之后楚国不敌南方强敌吴国，在势力对抗中逐渐居于下风。楚国式微，晋国也再无称霸之力。楚灵王死后，晋国曾试图重建中原秩序。公元前529年，晋国于平丘（河南封丘）会盟诸侯，但吴、齐等强国没有出席此次会盟，晋国之威无处可施。霸主时代已逐渐远去，列国开始为各自的利益奔波。另外，在这一时期，各国都爆发了严重的内乱，而中原开启了一个无霸主的时代。试看《左传》中公元前522年的记载，都是关于楚、宋、卫内乱的情况。恰逢此时，在形式上作为诸侯之主的周王室又迎来了短暂的复兴。

公元前520年，天授王权、享受各国景仰的周王室爆发内乱。周景王死后，由于没有传统意义上可继位的太子，于是自古以来侍奉王室的刘氏和单氏决定立周敬王为储。周景王生前无比宠爱的王子朝提出异议，起兵叛乱，攻占了王城。这里的王城指的是周公旦曾营建的洛邑以西，是当时周王室的居城。王城中有许多工匠，专门为王室制作赐予诸侯国的珍宝器具，其目的

是巩固周王室作为诸侯共主的权威。这些工匠中存在不少心中愤愤不平之辈，于是王子朝便和他们联手，将王城据为己有。拥立周敬王的刘氏和单氏便将自己的意图告知了晋国，希望得到晋国的支持。这件事在列国之间也引发了一定的关注。据《左传》记载[①]，当时郑国游吉（子大叔）赴晋时，晋国执政范献子问他王室近况，他回答：

> 今王室实蠢蠢焉，吾小国惧矣。然大国之忧也，吾侪何知焉？

意思是说，虽然各国都很关心周王室内乱的问题，但解决问题是大国的责任。于是公元前517年，晋国赵鞅与各诸侯代表在黄父（山西沁水）举行会盟。鲁、宋、卫、郑等大国及其他小国均出席了会议。赵鞅作为盟主，命各诸侯拥立周敬王，要求各国拿出粮食和军械资助王室平叛。后来王子朝[②]败逃楚国，并给各诸侯送去了檄文，称自己才是正统的王位继承人。王子朝带到楚国的典籍和宝物使中原文明渗透至楚国内部。周敬王在中原北部诸侯的援助下终于成功即位，而各诸侯为了缴纳粮食和军械也是

---

① 见《左传·昭公二十四年》。——原注
② 见《左传·昭公二十六年》。——原注

叫苦不迭。刘氏提议，希望各诸侯能够出力帮忙稳固王城，之后的维修工事则由周王室自己负责。晋国表示同意，因此又命各国负担修筑王城所需要的费用及劳力。前文提到宋国仲几的反对，就发生在这一时期。王城修筑结束后，晋国也就没有了继续照看周王室的必要。正是此时，周王室抢占了主导地位，集结各国。公元前506年，《春秋》记载：

> 公会刘子、晋侯、宋公、蔡侯、卫侯、陈子、郑伯、许男、曹伯、莒子、邾子、顿子、胡子、滕子、薛伯、杞伯、小邾子、齐国夏于召陵，侵楚。

《左传》认为，此次会盟的发起者是刘文公；《左传》的注释者杜预认为，"尸盟者（主持盟会者）"应为晋国；后世的研究者们则认为[①]，《左传》的本意是想表达刘氏才是主盟者。我也表示赞同，刘氏做出此举应该是想要抓住机会为周王室立威。此次会盟后的次年，《左传》记载"王人杀子朝于楚"。据此我们可以判断，诸侯召陵之盟的目的在于诛杀逃到楚国的王子朝。但事实上，晋国在此次战役中并未出兵，而是选择平定其宿敌赤

---

① 参见《左氏会笺》。——原注

狄余鄋鲜虞所在地中山（河北正定）^①。与楚国正面交锋的只有
蔡国的军队，但也没有文献表明其出兵是因为周王室的命令。当
时楚国的在位者是楚昭王。召陵之盟当年，吴军势如破竹，大败
楚军，一举攻下楚国都城郢（江陵），楚昭王流亡北方，楚国也
处于一片混乱之中。我推测王子朝被周人所杀应该就是在这个时
间段内，但没有明确记载。

　　前文我们提到，周王室试图恢复自身威望，从形式上来看基
本算是取得了成功，但其结果是强势的诸侯国不再担负援助周王
室的责任。《左传》和《国语》对为周王室东奔西走、献计献
策的刘文公和苌弘都做出了负面评价。对于提议修筑王城的苌
弘，《左传》称"苌叔违天"^②。杜预认为，这句话意在指出，
周王室的德行已遭上天厌弃，而苌弘却执意要修筑王城，这是
逆天而行，所以他最后才会死于晋人之手。《国语》的记载也大
同小异。对于刘文公，则评价他"用巧变以崇天灾"，认为刘氏
一族终究会走向灭亡。刘文公和苌弘确实忠心事周，同时也祸及
周朝，上述的一些记载应该也是基于苌弘其人所作的吧。而《史
记·封禅书》则记载了关于苌弘的一个有趣故事：

---

① 见《左传·昭公十二年》。——原注
② 见《左传·定公元年》。——原注

诸侯莫朝周，周力少，苌弘乃明鬼神事，设射狸首。狸首者，诸侯之不来者。依物怪欲以致诸侯。

以前诸侯来朝见周王室时，会举行射礼，将狸首作为射击的目标。狸首就代表不来朝见的诸侯。苌弘把这作为一种诅咒，威胁诸侯必须前来朝见。《史记》认为，此举导致鬼神精怪之说成为时下之流行。将消逝的王室权威鬼神化有违人之道。周王室空有形式上的权威，其实早已无法支配人心。列国诸侯也曾受诸大夫拥戴，但后来诸大夫的权威也逐渐丧失，权力中心向陪臣（诸大夫的家臣）转移。鲁国的权力就曾先集中于三家，后又逐渐向季氏一家转移。鲁昭公与季氏产生冲突，失败后逃去了齐国，最终客死异乡。[①]据《左传》记载，晋国执政赵简子曾向贤人史墨询问鲁国国君被季氏追杀，鲁国人却还拥戴季氏的原因，史墨回答：

社稷无常奉，君臣无常位，自古以然。

鲁国国君因失去民心而败逃，季氏因施行善政而得到民心。而实际上在背后辅佐季氏、负责内政的是陪臣阳虎。后来，阳虎利欲熏心、争权夺利，最终联合公山不狃一同反对季氏。鲁国的

---

① 见《左传·昭公三十二年》。——原注

历史可以说是下克上的历史。孔子就是在这样的时代中教导门人，开始了真正的教育活动。由霸主开启的春秋时代终于也要迎来终结，中原一统的大业未曾成功。曾被当作蛮夷而轻视的吴、越两国突然崛起，进军中原。历史再一次发生转向。

13

吴越的兴亡（其一）

吴、越分别是以今江苏苏州、浙江绍兴为中心的两股势力。虽然彼此之间斗争激烈，但两国在地理位置上十分接近，风俗习惯也极其相似。《国语·越语》中伍子胥曾向吴王夫差谏言：

> 夫吴之与越也，仇雠敌战之国也，三江环之，民无所移。有吴则无越，有越则无吴……夫越国，吾攻而胜之，吾能居其地，吾能乘其舟。

吴、越两国被三江环绕。三江①是指长江下游支流，而两国则位于三江形成的三角形区域中，所以百姓很难离开这片地方。在这片狭小区域共同生活的两股势力一旦对立，则必有一方打败另一方。如果吴国能打败越国，甚至可以直接居住在其土地上，使用其船。这表明两国的生活习惯极其相似。《越绝书·越绝外传纪策考》亦有相似记载：

---

① 《国语·越语》韦昭注中提到"三江"为"吴江、钱塘江、浦阳江"。——译者注

吴越为邻，同俗并土，西州大江，东绝大海，两邦同城，相亚门户，忧在于斯，必将为咎。越有神山，难与为邻。

　　这段话出自伍子胥之口，比《国语》所记更能说明两国之间的密切联系。因此，只要越有神山，一直与吴敌对，则不会有和平的日子。《吴越春秋·夫差内传》认为两国使用相同的语言：

　　且吴与越，同音共律，上合星宿，下共一理。

　　吴越两国有着千丝万缕的联系，以前北方人都是将吴、越看作一个民族。先秦文献中出现的吴越（粤）、於越、沤越等表达所指相同。已有学者证实，吴越、於越为同一所指[①]，那么沤越（瓯越）应该也是一样。现在的瓯越指的是福建一带，但以前不是这样。《周礼·考工记》中在记录北方诸侯国时都采用单字，比如郑、宋、燕等，而用两个字"吴越"表示一个国或地区。《墨子》参考胡貉被称为北戎，将於越称为南夷。[②]当地居民多为短发，且文身，擅长行舟。关于行舟，在《左传》中有一个有

---

① 　参见孙怡让著《墨子间诂》。——原注
② 　《墨子·兼爱》中有称"燕代胡貉"和"荆楚干越"，而《荀子·劝学》中称"干越夷貉"。——原注

趣的故事。^①吴军曾在长岸（安徽当涂县）与楚军大战。吴军战败，楚军缴获了吴王的船"余皇"。楚国非常重视这艘船，为了避免吴国夺回此船，就围绕此船挖了深沟，深得能见到泉水，并设置能进出的隧道，隧道中又用炭填满。吴国人认为"余皇"被夺实在太不光彩，于是吴公子光募集死士将船夺回。文献中记载的"余皇"是吴王乘坐的船的名称，但我认为"余皇"本身就是指船。现浙江有一地名为余杭，相传此地是因为秦始皇南巡之时弃舟于此才叫余杭。"余皇""余杭"的古语发音或许是相同的。这个故事表明吴越地区的居民十分擅长行舟。据《左传》记载^②，江苏南部以太湖为中心，是一片沼泽之地。楚国曾入侵吴国，想要在此地筑城，却没有很好的方法。后来，楚军为了与吴军作战，还特地编列了水军。这么看来应该是吴越之民"教会了"楚军水上作战。吴越人断发文身，一直以来被中原人视作蛮夷，而吴越地区的文明程度真的那么落后吗？关于这一点，考古学界众说纷纭。有人认为，吴越地区在周朝崛起之前，就深受殷文化的影响；有人认为，和中原地区不同的文化反而给当时中国北部诸国带来强烈冲击。当然，真相如何还有待更进一步的研究。至少我们从文献上能看出中原文明对该地区产生过影响。

---

① 见《左传·昭公十七年》。——原注
② 见《左传·昭公四年》。——原注

《春秋》将吴和越作为两个国的名字来记录，因此其后的先秦文献中的吴越、於越、沤越等表达应该是在越国灭吴、统一两国之后才出现的。但事实上更合理的解释是，北方人为了区分於越部落的两股势力，才分别以吴、越来称呼。而且吴国公室的系谱传承和越国公室的系谱传承完全不同。据《左传》和《史记》记载，吴国公室出自开创西周的周文王的叔父太伯和虞仲。周文王的祖父周太王喜爱小儿子季历，想让他继承王位。季历之子周文王是圣人，最终肩负起兴盛周室的使命。周太王的两个儿子太伯和虞仲深知太王之志，于是主动前往有断发文身之风的吴地。虞仲舍弃中原民俗，自愿被蛮族同化，这使他深受当地居民的爱戴，最终被奉为王。据《左传》记载[1]，北方强国晋国与吴国会盟之时，吴国曾以"于周室我为长"来主张自己的正统传承，试图压制晋国。司马迁在撰写《史记》时，曾以世家之名目为封建诸侯记录历史，其中位列第一的就是吴太伯，理由是吴太伯让国的故事，以及他的周王室正统传承。然而，关于吴国公室出自周王室一支，只是后世史学家的牵强附会。历史上流传的吴国故事并没有明确指出吴国先祖自北而来，那么，吴国起源于生活在苏州一带的南方民族中的一支是比较合理的看法。吴国第一次出现在《春秋》中是在公元前584年，该年"吴伐郯""吴入州

---

① 见《左传·襄公十三年》。——原注

来"。"郯"是指山东沂水流域的郯城县一带，"州来"是指安徽寿州。吴国首次在《春秋》登场时，就已经开始朝北方进军，其势力范围甚至扩张到山东、安徽。《左传》对此情况进行说明[①]，认为当时晋国为了抑制楚国势力，就派从楚国出逃的申公巫臣出使吴国，将晋国的车战法教给吴军，使吴军的陆战能力增强。结果吴国征伐巢、徐二地，逐步向北扩张。巢、徐都依附于楚国。那么《春秋》记载吴国已然入侵安徽、山东等地也就不足为奇了。但我对《左传》的这段记载存疑。前文也提到过，申公巫臣的故事不可信，吴国逼迫巢、徐臣服也没有任何史料可以佐证。我认为，这里提到的吴国突然向北进军其实是为了展示自己的优势和勇猛果敢。以轻舟奇袭敌国，即使距离略远也是可以实现的。而突然遭受攻击的郯地离鲁国很近。《春秋》记载鲁国历史时，十分重视这次袭击。《左传》记载了当时鲁国大臣季文子的感叹[②]：

> 中国不振旅（整众），蛮夷入伐，而莫之或恤，无
> 吊者也夫！诗曰：不吊昊天，乱靡有定。其此之谓乎！
> 有上不吊，其谁不受乱？吾亡无日矣！

---

① 见《左传·成公七年》。——原注
② 同上。——原注

虽然近乎空谈，但也足以见得中原人对吴国势力扩张之迅速的震惊。

从贤人季札的让国故事可以看出，吴国渐渐受到中原文化的影响。吴国人非常希望季札能即位，但他三次让国，以自己排行老幺为由逃离吴国开始周游各国。《公羊传》和《左传》在评价这个故事时，都认为季札已通晓中原之礼。《左传》对季札让国的故事进行了一番艺术性加工，加上了季札在鲁国听乐师诵《诗》时要逐一点评的轶事①。这部分内容作为文学评论来看也是非常优秀的文章。暂且不论点评本身是不是季札本人所作，我们至少可以认识到，在中原文学方面，他确有高深造诣。

据《史记》记载，越国的系谱传承比吴国更古老，可追溯到夏朝。夏王室曾为奸臣所害，后经少康复国。当时，少康的一个儿子无余就逃去了断发文身的越地，成了越国的始祖。我无法探讨越国始祖是否和夏王室有关系。在春秋末期，通过和楚国的激烈斗争，吴国势力逐步壮大，已经无法和越国和平共处。《国语》中也记载了吴越之争。然而，吴越之争并非仅仅是两国之间的斗争，还关系到整个中国古代史。

---

① 见《左传·哀公二十九年》。——原注

14

吴越的兴亡（其二）

如前章所述，楚国在长岸击败吴国，在长江沿岸筑起了应对吴国势力的第一道防线。今六安、桐城一带在很久之前就隶属于楚国，可见安徽北部基本上都已处于楚国势力范围内。江苏北部的徐、钟离（凤阳）等国也已经臣服楚，但还没有成为楚国的领土。对于吴国来说，这些地区位于进军北方的要道之上。要想继续扩张自身的势力范围，楚国是必须要解决的障碍。此时楚平王在位，他过于崇尚中原文化，引起了国内旧族的反感。据传伍奢被楚平王诛杀，其子伍子胥发誓为父报仇，于是加入了吴国势力，与楚国开战。伍子胥的复仇故事在当时广为流传，司马迁搜集了这些故事撰写了《伍子胥列传》。《史记》的"列传"将伍子胥作为以个人行动引发政治局势动荡的第一人来描写[1]，我认为，这是很值得推敲的。伍族是楚国旧族，楚平王诛杀了无罪的伍奢，伍子胥终其一生也要为父报仇。于是，他从楚国出逃，游历中原各国，曾到达晋国，但未能完成复仇大业，最终往南方

---

[1]　见《史记·伍子胥列传》。——原注

去，成了吴国的大臣。他得知曾在长岸之战中勇夺"余皇"的吴公子光胸怀大志，便辅佐他，希望吴国能有与楚国一战之力。他将勇士专诸（《左传》称"鱄设诸"）举荐给公子光，暗杀了当时的吴王，公子光得以顺利即位，成为历史上有名的吴王阖闾。阖闾任伍子胥为行人，主管外交事务，主要监视楚国的动向。一天，位于今江苏北部的吴国邑土的一名少女和相邻的楚国邑土的孩童（女童）争夺桑叶，后来发展成两个部落之间的武斗事件，最终楚国境内的部落灭了吴国境内的部落。吴王听闻此事震怒，于是决意伐楚①。据《左传》记载②，当时全权负责对楚军事策略的就是伍子胥。反观楚国，政治上没有核心势力进行把控，军事上也无人堪当大任。吴国将军队分为三部分，不断骚扰楚国，在楚国疲于应对之际，一举攻入。《史记》记载，首次在吴国组建陆军的是来自齐国的军事家孙武——《孙子兵法》的作者。《史记》中也详细记载了他如何管理纪律严明的军队。但近代学者中也有人认为孙武其人并不存在③，《史记》中一些记载的真实性也有待商榷。有了中原人士强有力的协助，吴国这股新生势力才逐渐崛起，这并非无稽之谈。吴国在阖闾的领导下，不断给楚国施加压力。最终，吴国的精锐部队与楚军一决胜负。吴国以陆军

---

① 见《史记·吴世家》。——原注
② 见《左传·昭公三十年》。——原注
③ 齐思和：《孙子著作时代考》，刊载于《燕京学报》第26期。——原注

公然进攻安徽平原地带，引位于河南的楚国附属国陈、蔡为友军，从北方进攻，一直打到汉水之浒。当时在位的楚国国君是楚平王之子楚昭王。楚昭王不得不弃郢都（江陵）而去。吴军攻入楚国都城，伍子胥将楚平王鞭尸，终于完成了自己的复仇大计。

　　据《史记》记载，就在吴王长驱直入楚国都城之时，越国趁机攻入吴国。在此之前，《左传》对吴越关系的记载的可信度并不高。我们可以从《史记》的记载中看出，吴越之间早已不和。楚昭王逃往陕西，请求秦国出兵援助。吴军败于秦军后，吴王阖闾只得整军东归，返回吴国讨伐宿敌越国，而阖闾本人也在此战中身亡。阖闾死后即位的夫差，展开对越王勾践的复仇战。关于这段历史，《国语》的记载十分有趣。复仇战最终以夫差的胜利而告终，越国臣服于吴国。吴国威慑诸国，试图进军中原。楚国鉴于此前战败，为了防止吴国再次来袭，将都城从郢迁往郡（襄阳附近）。至此，江淮下游全部归吴国所有。公元前485年，《春秋》有云"公会吴伐齐"，翌年也记载了同一件事情。据《左传》记载，鲁国境内百姓曾向南迁徙，进入吴国境内并经营水田。吴国人想让这些百姓带路，方便攻打鲁国。鲁国惧怕吴国，于是向其请和。不料此举激怒了相邻的齐国，导致齐吴大战。在今泰安一带的连绵山脉之中，有一地名为艾陵。齐吴两军在此地交战，结果齐军大败。《国语》记载^①，当时吴国水军从海上逆行，途经江淮一带，大肆破坏中原地区。艾陵之战后，齐国向吴国求和。鲁国也必须向吴国缴纳税金，几乎可以算是吴国的属国。我们可以推断，吴国的崛起势必使中原诸侯心生恐惧。曾称霸中原的晋国，主动要求与吴国会盟，共谋和平。公元前482年，《春秋》记载：

> 公会晋侯及吴子于黄池。

黄池是黄河以南的河南杞县的一个池子。据《公羊传》记载，此次会盟的主导者是吴王夫差，《国语》也详细记载了当时的情景。正在这时，越王勾践发动了对吴国的复仇之战。吴王夫差犹豫不决，不知是该立刻回国讨伐越国，还是该委婉地要求晋国让出霸主之位并圆满地结束会盟。一位大臣谏言，应当以武力逼迫晋国就范，由吴国继任霸主之位，并威慑越国以达到歼灭越军的目的。吴王赞同该意见。最终，吴国成了中原霸主，吴越之间连年征战。公元前471年，吴国一败涂地，再无崛起之日。我认为，春秋时期的结束应该以吴国灭亡为标志。

《史记》的"十二诸侯年表"以吴国灭亡的年份结束，但司

---

① 见《国语·吴语》。——原注

马迁是否也认为吴越的兴亡正是年代的转折点，我们尚不可知。我个人认为，将其作为春秋时代的终结，符合客观情势。后续会对此进行相应的说明。

越国取代吴国入主中原，但越国的得势并没有换来旧秩序的稳定，其理由在于：（一）虽然吴越同种同俗，但由于地理条件，吴国接受中原文化影响已久，而且帮助吴王发展国家的是楚国望族伍子胥；此外，吴国还得到了许多其他中原人士的协助。因此，最适合主持中原的应该是吴国。越王的主要帮手范蠡几乎可以算是本地人，他在越王灭吴完成复仇之后，马上就归隐山林，后居住于交通要道陶地（山东定陶），成为巨富商贾。越人应该是善于行舟经商的民族。（二）越国取代吴国之后，并没有和中原霸主晋国或其他诸侯国签订盟约来维持中原秩序。所以《史记》仅记载了越国在江淮以东横行。中原诸侯恭贺越王取胜并称其为霸主，只是为了避其锋芒。

那么，越国的崛起又是如何破坏旧秩序的呢？一直以来，晋国作为中原霸主，与南方楚国相互对抗，在吴国灭亡后也没有和越国结盟。由此看来，晋国当时处于孤立无援的状态。楚国为了抗衡吴国，渐渐和秦国的关系变得紧密，两国通过交涉，达成了互利互惠的关系。并且事实上，秦国的势力已经开始向外扩张，侵入晋国境内。楚国也趁机一步步恢复元气。秦国还不远万里与越国联姻①，以促进势力扩张。

　　随着新兴势力的活跃，旧中原诸国逐渐走向自我毁灭。晋国的中央集权被分散。中原霸主晋文公曾一手创建了这个军政一体的国家，编制六军，任公卿为上将，同时负责国政。六军有上下之分，因此将领人数多达十二人，分别由十二公卿担当。十二旧族又逐渐转化为六军六卿。其中，六卿并非晋国公室的分支，而是在晋国的发展中从旁辅佐、最终得以存续的赵、范、韩、中行、魏、知。据顾栋高的研究②，在历史上，这六家轮流把持晋国的朝政。公元前497年，《春秋》记载，赵鞅在晋阳发动叛乱，荀寅（中行氏）、士吉射（范氏）在朝歌发动叛乱。据《左传》记载，赵鞅一族一个叫邯郸午的人，当时就在河北邯郸为官。邯郸后来因卢生之梦而出名，是一个繁华之地。赵鞅曾与卫国作战，使卫国向邯郸送去了五百户农民。之后，赵鞅想要将这五百农户迁往自己的领地晋阳（山西太原），让他们开垦当地。结果遭到五百农户的集体反对，他们害怕会因此断绝了邯郸和卫国的亲密关系。赵鞅为此杀了邯郸午。荀寅和士吉射的领地位于旧殷都城朝歌一带，离邯郸很近，且二人与卫、齐的士大夫私交甚好。因此，二人借邯郸午之事与赵鞅对立。晋国其他三卿韩、

---

① 　见《史记·六国年表》。——原注
② 　见《春秋大事表》。——原注

魏、知站在赵鞅一边，试图让他重返朝堂，于是将范、中行二氏当作反叛者。范、中行二氏分别向卫、齐求援，对抗其他四卿。这场内战之持久，可比拟吴越之争，其内在关系极其复杂。最终，范、中行二氏失败，逃至齐国。一时之间，晋国四卿权力极盛。而在肃清内乱后，四卿之间并没有产生新的制约关系，彼此还是由利益关系维系在一起。当时，中原的统一局面正面临崩盘。

（完）

译后记

　　本书最终能够出版，应该深挚地感谢朱荣所、李飞、刘晓燕等人的辛勤付出。他们对本书的编辑、校对和审定奉献了力量。本书虽然经过长期的耕耘最终得以面世，但限于所学，不足之处在所难免，还请读者朋友们提出宝贵意见。

章嫣嫣

2023年5月1日